ゼロからはじめる
建築の［設備］演習 【第2版】

原口秀昭 著

彰国社

装丁＝早瀬芳文
装画＝内山良治
本文フォーマットデザイン＝鈴木陽子
編集協力＝涌井彰子

はじめに

建築設備は一般の物理学のほかに、空気、水などの流体力学、熱力学、電気工学、機械工学などがからんできて、本当に複雑多岐な分野です。奥が深く幅が広い、人間の経験と知恵の結集した分野です。

筆者は大学時代、設備の面白さがまったくわからず、建築設備の授業をほとんどサボっていました。建築士の試験や実務を経験する中で、設備の知識を徐々に習得していきました。そして建築設備の面白さや重要さを本当に実感できるようになったのは、不動産に片足を突っ込むようになった時期からでした。建物のトラブルやクレームで最も多いのが設備です。災害時では構造がよく問題となりますが、日常でのトラブルはほとんどが設備に関することです。

設備抜きでは建築は語れません。しかし、デザイン志向の学生にとって、設備は視界の外、または霧の中というのが本当のところでしょう。本書は、そんな「建築は好きだけど設備は嫌い」という学生や建築士受験生、建築初学者向けに、いかに面白くわかりやすく建築設備を伝えるかに苦慮しながら書いた本です。

シリーズ既刊の『ゼロからはじめる建築の［設備］教室』では、機器類、配管、配線類の具体的なもの、身近に見えるものの説明を多くしました。今回はシステム、方式、理論の説明に重点をおいています。『［設備］教室』と併行してこの『［設備］演習』を読んでいただくと、建築設備の基本がマスターできる仕組みになっています。本書の問題は、1級建築士、2級建築士試験の過去問題から取り上げ、過去問題で網羅できないところは基本問題をつくっています。

将来の実務にもつながるように、基礎的事項の次に進んだ内容をイラスト化して掲載しました。空気線図、吸収式冷凍機の仕組み、モリエル線図、送風機の特性曲線、交流の波形などは、学生からわからない、難しいとよく言われるところです。そのような理論的な部分では、とことんわかるように工夫して、図解することを試みました。

各頁3分、ボクシングの1R（ラウンド）程度で読める分量にしてあります。要所にはあれこれと頭をひねった、あるいは学生のみなさんに考えてもらった記憶術も入れてあります。最後に暗記事項のまとめを入れて、試験対策としても便利なように構成してあります。さらに今までのシリーズで読者から要望の多かった用語索引も、巻末に付けました。

図やイラストの多い本の執筆は、東京大学大学院時代の恩師、故鈴木博

之氏に励まされながら、学生時代から40年以上続けてきました。「建築とは何か？」に興味や疑問をもち続けていること、また単純に絵を描くことが好きなことが継続の要因かと思われます。学生時代にこういう本があったらよかったのにということもモチベーションになっています。

書いた記事はブログミカオ建築館（https://plaza.rakuten.co.jp/mikao）に都度載せて、それをためて本にする方法をとっています。ゼロからシリーズの多くは中国、台湾、韓国にて翻訳本も出版されています。拙著のうちの何冊かは筆者が解説する動画を上げており、その動画リストはウェブサイト ミカオ建築館（https://mikao-investor.com）に載せてありますので、あわせてご参照ください。

このたびトイレの排水方式が大きく変わりつつあることなどを契機として、旧版の改訂に取り組みました。旧版の不要と思われる頁は思い切って削除し、新しい問題を多く取り入れました。また新しい環境基準ZEB、BELSなども追加しています。イラストも大幅に追加し、結果として19頁の増量となりました。

本書を書くにあたり、多くの専門書、ウェブサイトや建築士試験の過去問題を参照し、多くの専門家、学生からアドバイスをいただきました。また彰国社編集部の尾関恵さん、編集者の涌井彰子さんには細かい編集作業をしていただきました。この場を借りてお礼申し上げます。本当にありがとうございました。

2024年12月　　　　　　　　　　　　　　　　　　　　原口秀昭

も　く　じ　　　　　　　　CONTENTS
はじめに…3

1　空調設備
定風量単一ダクト方式…8　　空気線図…14　　冷却除湿…20　　変風量単一ダクト方式…22　　定風量と変風量…26　　二重ダクト方式…27　　各階ユニット方式…29　　全空気方式…31　　ファンコイルユニット方式…32　　ダクト併用ファンコイルユニット方式…42　　中央熱源方式…44　　パッケージユニット…45　　空気熱源パッケージユニット…46　　ルームエアコン…49　PID制御…51　　冷媒方式…52　　分散熱源方式…53　　放射空調方式…54　床吹出し空調方式…55　　床暖房と上下温度差…56　　蓄熱式空調システム…57　　定風量・定流量と変風量・変流量…63　　制御弁…64　　空調のゾーニング…67　　PAL…69　　換気…70

2　気化と凝縮・モリエル線図
気化熱と凝縮熱…78　　空気熱源ヒートポンプ…81　　COP…84　　APF…86　　ガスエンジンヒートポンプ…87　　冷却塔…88　　モリエル線図…93

3　冷凍機とボイラー
冷凍機…101　　冷媒…105　　吸収冷凍機…107　　氷蓄熱式空調システムの冷凍機…112　　ヒートポンプチリングユニット…113　　蒸気暖房…114　膨張タンク…117

4　ダクトと送風
静圧、動圧、全圧…118　　軸流送風機と遠心送風機…120　　送風機と静圧…121　　静圧 - 風量特性曲線（P-Q曲線）…122　　ダクトのアスペクト比…123　　圧力損失…124　　送風機の特性曲線…130　　送風機の回転数と軸動力…131　　送風機の効率…132

5　給水設備
直結直圧方式と直結増圧方式…134　　高置水槽方式…138　　圧力水槽方式…141　　ポンプ直送方式…142　　給水方式のまとめ…143　　水の圧力…144　圧力損失…149　　流量線図…151　　ポンプの特性曲線…152　　ポンプの効率…156　　キャビテーション…162　　必要水圧…163　　1日平均使用水量…166　　受水槽…173　　躯体利用の水槽…179　　上水と井水の接続…180　クロスコネクション…181　　バキュームブレーカー…182　　ウォーターハンマーと流速…183　　先分岐方式…184　　ヘッダ方式…185　　さや管ヘッダ方式…186　　スラブ上配管…187　　保温材…188　　再利用水…189　　節水コマ…190

6　給湯設備
ガス給湯器…191　　都市ガスの種類…192　　ヒートポンプ給湯器…193　給湯循環ポンプ…194　　レジオネラ菌…195　　膨張管（逃し管）…196　開放回路と閉鎖回路…198

5

7 排水設備

合流式…200 分流式…201 敷地内浸透式…202 合併処理浄化槽…203
下水道方式のまとめ…204 排水ます…205 排水管…209 排水槽…216
吐水口空間…218 間接排水…219 通気管…222 サイホン方式…232
トラップ…233 グリース阻集器…237 トイレの洗浄方式…239 BOD
…241

8 電気の基本

電流、電圧、抵抗…243 電力…244 実効値…248 力率…255 進相用
コンデンサ…256

9 受電設備

電圧区分…257 受変電設備…259 変圧器…261 スポットネットワー
ク受電方式…263 非常電源…264 コジェネレーションシステム…268
太陽光発電…269 風力発電…270 単相2線式と単相3線式…271

10 配線設備

接地工事…273 分電盤…280 配線方式…287 電力の負荷…294 不当
率…297 照度計算…298 UPS、CVCF…304

11 消防設備

火災の種類…305 屋内消火栓設備…306 スプリンクラー設備…308
水噴霧消火設備…310 泡消火設備…311 不活性ガス消火設備…312
粉末消火設備…313 連結送水管…314 連結散水設備…315 消火設
備のまとめ…316 自動火災報知設備…317 煙感知器と熱感知器…321
非常警報設備…323 住宅用火災警報器…325 ドレンチャー設備…326
防火ダンパー…327 非常用照明・誘導灯…328 非常用エレベーター…
331 エレベーターの非常停止…332 フラッシュオーバーまでの時間…
333 群集歩行速度…334

12 省エネルギー指標

LCC（ライフサイクルコスト）…335 $LCCO_2$（ライフサイクル CO_2）
…336 CO_2 排出量…337 LCA（ライフサイクルアセスメント）…338
CASBEE…339 ZEBの定義…343 BEIの定義…344 BELS…345

13 暗記する事項…346

索引…362

ゼロからはじめる

建築の[設備]演習

第2版

★ R001 ○×問題　　定風量単一ダクト方式　その1

Q 定風量単一ダクト方式の空調設備においては、
1. 各室で送風量を変えることにより、各室の室温を制御することができる。
2. 空調機で送風温度を変えることにより、全室の室温を制御する。

A 全室に定風量で単一のダクトで冷暖房の空気を送るのが、定風量（CAV：Constant Air Volume）単一ダクト方式です。各室でON、OFFはできますが、各室で送風量を変えることはできません（1は×、2は○）。1は変風量単一ダクト方式のことです。

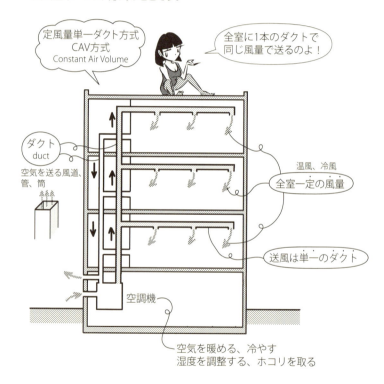

答え ▶ 1. ×　2. ○

★ R002 ○×問題　　　定風量単一ダクト方式　その2

Q 定風量単一ダクト方式の空調設備においては、
1. 熱負荷特性の異なる室におけるそれぞれの熱負荷変動に対して、容易に対応することができる。
2. 十分な換気量を定常的に確保しやすい。

A 定風量（CAV）単一ダクト方式は、1本のダクトで冷風や温風を一定量各室に送る方式です。熱負荷特性の異なる室の熱負荷変動に対しては、対応することができません（1は×）。一方、空気は一定して流れるので、換気量は安定して確保できます（2は○）。

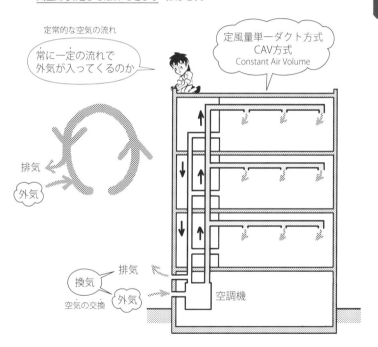

答え ▶ 1. ×　2. ○

★ / **R003** / ○×問題　　　　　**定風量単一ダクト方式　その3**

Q 定風量単一ダクト方式の空調設備においては、中間期や冬期において、室温よりも低い温度の外気を導入して冷房することができる。

A 定風量（CAV）単一ダクト方式は、外気を取り入れてダクトで空気を送る方式なので、容易に外気冷房ができます。冷凍機を運転しないですみ、省エネルギーとなります（答えは○）。

答え ▶ ○

★ / R004 / ○×問題　　　定風量単一ダクト方式　その4

Q 空調運転開始後の予熱時間において、外気取入れを停止することは、省エネルギー上有効である。

A 暖房立ち上がり時は、冷たい外気を入れずに運転した方が、すぐに暖まります（答えは○）。しかし一定時間この運転を行うと、室内空気が汚れてきます。一定時間後は、外気を入れる通常運転に戻します。

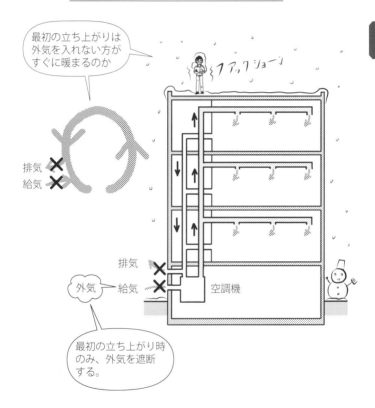

答え ▶ ○

R005　○×問題　　定風量単一ダクト方式　その5

Q 外気取入れ経路に全熱交換機が設置されている場合、中間期等の外気冷房が効果的な状況においては、バイパスを設けて熱交換を行わない方が、省エネルギー上有効である。

A たとえば、冬の暖房時、給排気部に全熱交換機を付けると、下図のように排気する空気から、熱（顕熱）と水蒸気（潜熱）だけ回収することができます。中間期の外気冷房は、熱い室内空気を冷たい外気を使って冷房する方法です。その際に全熱交換機に通すと、室内の熱が回収されて外に出ずに中に取り込まれてしまい、冷房の効果を損ないます。外気冷房の場合は、給排気は全熱交換機を通さずに、迂回路（バイパス）を通します（答えは○）。

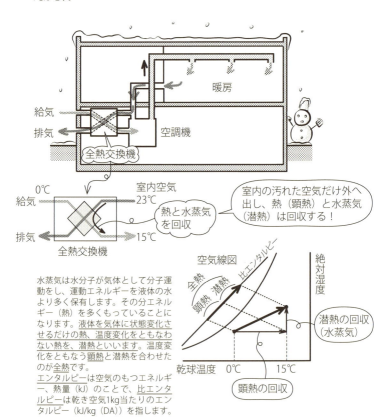

水蒸気は水分子が気体として分子運動をし、運動エネルギーを液体の水より多く保有します。その分エネルギー（熱）を多くもっていることになります。液体を気体に状態変化させるだけの熱、温度変化をともなわない熱を、潜熱といいます。温度変化をともなう顕熱と潜熱を合わせたのが全熱です。
エンタルピーは空気のもつエネルギー、熱量（kJ）のことで、比エンタルピーは乾き空気1kg当たりのエンタルピー（kJ/kg（DA））を指します。

答え ▶ ○

R006 ○×問題　　定風量単一ダクト方式　その6

Q 定風量単一ダクト方式の空調設備において、エアハンドリングユニットとは、システムの中央に置く大型の空調機のことである。

A エアハンドリングユニット（エアハンと略称されることもある）は、直訳すると空気を扱う装置で、AHUともいわれます。内部のグネグネ曲がった管であるコイルに温水、冷水を流し、そこに空気を通すことで空気の温度を変えます。またフィルターでチリ、ホコリを取り、加湿機で水蒸気を加えます。システムの中央に置き、そこからダクトで各室に空気を送ります（答えは○）。

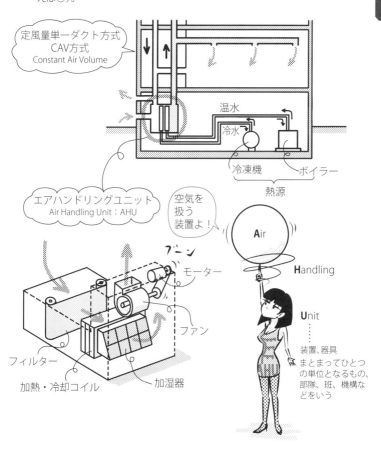

答え ▶ ○

空気線図 その1

Q 空気線図の縦軸の kg 数は、湿り空気 1kg 中の水蒸気の kg 数である。

A 空気の状態を表す<u>空気線図</u>は、湿り空気線図ともいい、横軸は乾球温度(湿球温度のような蒸発を考えない<u>普通の温度</u>)、縦軸は<u>水蒸気量</u>です。水蒸気量は質量の kg か、水蒸気分圧 kPa(キロパスカル、分圧とは乾き空気とは別の水蒸気だけの圧力)を使って表します。

 注意すべきは湿り空気全体の 1kg に対してではなく、<u>乾き空気 1kg に対しての水蒸気の kg 数を水蒸気量とすることです(答えは×)。湿り空気を乾き空気と水蒸気に分け、乾き空気 1kg に対して、水蒸気量が何 kg あるかを測るわけです。</u>

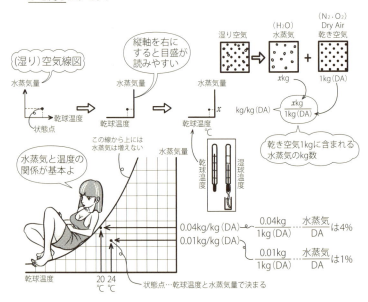

 縦軸の水蒸気量の単位は、<u>乾き空気 1kg 当たりの水蒸気量の kg 数</u>ということで、<u>kg/kg(DA)</u>または kg/kg′ です。kg を kg で割った比で、本来は単位がないのですが、わかりやすいように分けて書いています。乾き空気の kg 数を kg(DA)と、DA(Dry Air:乾き空気)を付けて表します。また乾き空気の質量を kg′ とダッシュを付けて区別することもあります。<u>この水蒸気量 kg/kg(DA)は質量という絶対量(他と比較しない変えようのない固有の量)なので、絶対湿度と呼びます。</u>

- 空気線図については、拙著『ゼロからはじめる[環境工学]入門』を参照してください。

答え ▶ ×

空気線図 その2

Q 飽和水蒸気量に対する水蒸気量の割合は、絶対湿度と呼ばれる。

A 空気中の水蒸気量には、それ以上空気中に水蒸気を含めない限界点があり、その目いっぱいの水蒸気量を飽和水蒸気量と呼びます。その飽和水蒸気量に対する現在の水蒸気量の割合が相対湿度です（答えは×）。水蒸気の質量 kg で表すのは絶対湿度で、何かに比べた相対量ではなく、質量という絶対的に変わらない量です。空気線図の縦軸は水蒸気量ですが、絶対湿度とも呼ばれます。

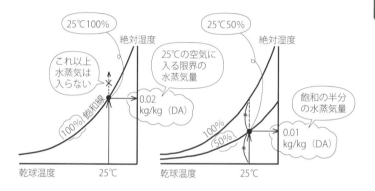

空気中に含むことができる限界の飽和水蒸気量は、乾球温度が上がると増えます。熱いコーヒーほど砂糖が多く溶けるようなものです。空気線図上では、飽和水蒸気量を表す相対湿度100%のラインは右上がりの曲線となります。100%ラインの半分の高さが、相対湿度50%の曲線です。水蒸気の質量が絶対湿度、飽和水蒸気量に比べた比、パーセントが相対湿度です。

答え ▶ ×

★ R009　○×問題　　　空気線図　その3

Q 空気線図上の状態点Aを冷却した場合の露点（結露する点）は、Aから左に延ばした水平線と相対湿度100%のラインの交点である。

A 相対湿度100%のラインは、水蒸気が飽和状態で、それ以上水蒸気が空気中に入らない位置を示しています。右上がりの曲線で、乾球温度が高いほど水蒸気は多く空気中に入ることができます。それはコップが大きくなることに例えられます。

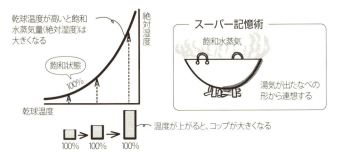

下図のA点から冷却して左に移動すると、相対湿度は70%、80%、90%と上がっていき、水蒸気の入る余裕が小さくなっていきます。それはコップが小さくなることに例えられます。さらに冷却して100%のラインにくると、水蒸気はぎりぎりの限界いっぱい空気中に入っていることになり、それが結露する点、露点となります（答えは○）。コップぎりぎりいっぱいの水に例えられます。

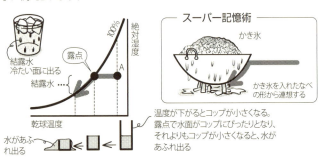

そこからさらに冷却すると、水蒸気は空気中に入りきれなくなり、液体の水となって出てきます。コップが小さくなって水があふれ出ることに例えられます。100%のラインより左に行けないので、状態点は100%のラインに沿って左下に移動することになります。

答え ▶ ○

R010　○×問題　　空気線図　その4

Q 空気線図上のA点の空気 $90m^3$ とB点の空気 $30m^3$ を混ぜた場合、混合空気の状態点の位置はABを3対1に内分した点である。

A 空気を混ぜる場合は、温度、水蒸気量はともに、体積に依存します。状態点が違う空気どうしを混ぜる場合は、その体積によって影響度が決まり、体積が3倍だと3倍の影響度があります。

　体積の比率はAは3、Bは1なので、混ざった空気は3+1=4。ABを4等分して、Aから1、Bから3の位置Cが、混合空気の状態点です。体積が3:1なので、その逆比の1:3にABを内分します（答えは×）。体積の大きい方へと近づくわけです。

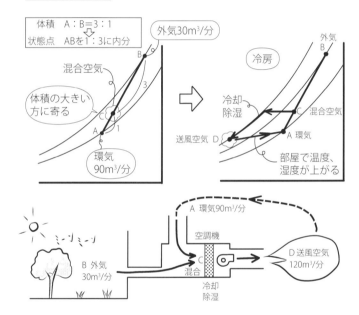

　冷房時に空調機内の空気がどうなっているのか考えてみます。戻ってくる環気Aを1分当たり $90m^3$、新鮮な外気Bを1分当たり $30m^3$ 取り入れるとすると、混合空気はABを1:3に内分したCとなります。混合空気Cを冷却、除湿してDとします。そのDが室内に送られて、温度、湿度が上がって環気Aになって戻ってきます。

答え ▶ ×

R011　〇×問題　　空気線図　その5

Q 空気線図中の比エンタルピーは、湿り空気1kg当たりに内在するエネルギー（全熱量）のことである。

A エンタルピーは空気がもつ熱エネルギーと、空気圧がする仕事（エネルギー）の総和、全熱量のこと。エントロピーとは乱雑さを表す値のこと。両者ともに熱力学に出てきますが、まぎらわしいので、ここで覚えておきましょう。

【樽にエネルギーを入れておく】【トロいと部屋が乱雑になる】
　　エンタルピー　　　　　　　　　エントロピー

　比エンタルピーは乾き空気1kg当たりの湿り空気のエネルギー量、全熱量で、単位はkJ/kg（DA）です。湿り空気を乾き空気と水蒸気に分けて、乾き空気1kg当たりのエネルギーとするのは、絶対湿度と同じです（答えは×）。

　比エンタルピーは空気線図上では斜めの軸で表されており、乾球温度0℃、絶対湿度0kg/kg（DA）のときに0kJ/kg（DA）とされています。水蒸気量がゼロでも乾き空気中の分子は運動しているので、−273℃にならなければエネルギーはゼロではありませんが、0℃、水蒸気ゼロの状態を基準点とするということです。標高を表すのに、海水面をゼロとするのと同じです。

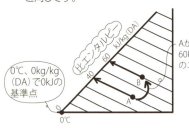

　A点からB点に状態を動かすには、比エンタルピーは40 kJ/kg（DA）から60kJ/kg（DA）になるので、その差の20kJ/kg（DA）のエネルギーが必要となるのがわかります。標高40mから60mまで、標高差20mを登る必要があるのと同じ計算をします。B点→A点と下る場合は、20kJ/kg（DA）分のエネルギーが出てきます。

【　】内スーパー記憶術

答え ▶ ×

★ R012 ○×問題　　空気線図　その6

Q 物質の状態を変えて温度は変化させない熱を潜熱という。

A 顕熱（けんねつ）とは物質の状態を変えずに温度だけ変化させる熱、潜熱（せんねつ）とは物質の状態を変えて、温度は変化させない熱です（答えは○）。温度変化に顕（あらわ）れる熱は顕熱と呼ばれ、空気線図では左右の横の移動となります。温度変化に顕れずに潜（ひそ）んでいる熱が潜熱で、空気線図では上下の縦の移動となります。

【潜水艦は浮いたり沈んだり】
潜熱

液体の水から気体の水蒸気になるにはエネルギーが必要となり、液体の水分子がエネルギーを吸収して空気中に飛び出し、その分が気体の水分子の運動エネル

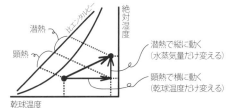

ギーとなります。状態変化に使われたエネルギーが、気体の水分子の運動エネルギーとして空気中に蓄えられているわけです。水の気体分子が多いほど、すなわち絶対湿度が大きいほど、加えられた潜熱は大きくなります。水蒸気が増えると状態点は上に上がり、水蒸気が減ると状態点は下に下がります。その縦の動きを比エンタルピーで測ると、潜熱の出入りがわかります。

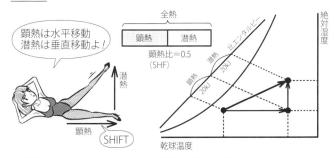

顕熱比（SHF）＝顕熱／全熱＝顕熱／（顕熱＋潜熱）であり、加えられた熱の中で温度変化を伴う顕熱がどれくらいかの比です。

SHF : Sensible Heat Factor

【横にシフト（SHIFT）するけんね！】
横移動　　　　　　　　　　　顕熱

【　】内スーパー記憶術

答え ▶ ○

R013 ○×問題　　　冷却除湿　その1

Q 定風量単一ダクト方式の空調設備において、冷却除湿した空気の温度を除湿前と同一とする場合、再熱が必要となる。

A 湿度を上げるには、水蒸気を空気中に吹き付ければ簡単です。しかし湿度を下げるには、気温を下げて結露させる必要があります。空気線図で見ると、右図のようにA点の空気を冷やして左へ状態を移動させ、飽和水蒸気のライン（相対湿度が100％のライン）に当てます。それ以上水蒸気が空気中に入らないところなので、気体の水蒸気は液体の水となって出てきます。それが結露で、除湿はこのように冷却→結露によって行います。

除湿した後に空気を同じ気温にしたい場合は、右図のように、冷却した空気を再熱（レヒート）する必要があります。B点→C点が再熱による状態変化です（答えは○）。再熱除湿または過冷却除湿ともいわれます。

空調機に再熱コイルを設置する場合、エネルギー消費量は多くなります。

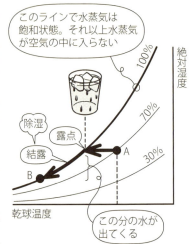

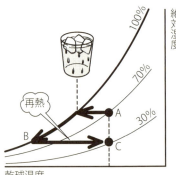

答え ▶ ○

★ R014 ○×問題　　　　　　　　　　　　　　　　冷却除湿　その2

Q デシカント空調は、再熱除湿に比べて、効率良く除湿することができる。

A デシカント空調とは、除湿剤（デシカント）を用いた空調のことです。過冷却と結露による除湿に比べ、除湿剤に水分を吸着させるため、効率が良くなります（答えは○）。除湿剤を再生させるには、排熱を使って高温にして水分を除却します。除湿、再生は、デシカントロータ（rotor：回転する板）を回転させて、繰り返す仕組みです。

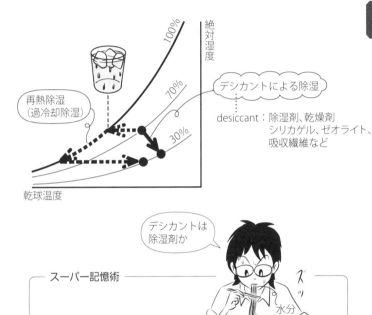

デシカント空調はコージェネレーション（発電＋排熱利用）と組み合わせることで、省エネルギー効果を上げることができます。コージェネレーションの発電による熱を使って、除湿剤に吸着させた水分を取り除きます。

答え ▶ ○

★ / R015 / ○×問題　　　　　　変風量単一ダクト方式　その1

Q 変風量単一ダクト方式の空調設備は、室内負荷の変動に応じて各室への送風量を調整して、所定の室温を維持する方式である。

A 空気の吹出し口やダクトの途中に風量を変えられる変風量装置（VAVユニット）を付けて、風量によって温度を調整するのが変風量（VAV：Variable Air Volume）単一ダクト方式です（答えは○）。

　変風量単一ダクト方式は、VAVユニットを部屋ごと、またはゾーンごとに設けることによって、個別の温度制御を行うことができます。ファンの動力を削減して、省エネルギーを実現します。

vary（変える）＋able（ことができる）

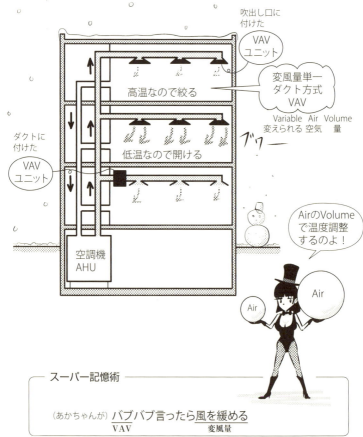

― スーパー記憶術 ―

（あかちゃんが）バブバブ言ったら風を緩める
　　　　　　　　VAV　　　　　　　　変風量

答え ▶ ○

★ R016　〇×問題　　　　　変風量単一ダクト方式　その2

Q 変風量単一ダクト方式の空調設備は、定風量単一ダクト方式に比べて、室内の気流分布、空気清浄度を一様に維持することができる。

A 変風量（VAV）単一ダクト方式は、各室の状況に応じて風量を変えて温度調整する空調方式です。風量が変わるので、室内の気流分布を一様に保つことは難しくなります。また風量を少なくすると、新鮮な外気も少なくなり、空気清浄度も一様に維持しづらくなります（答えは×）。

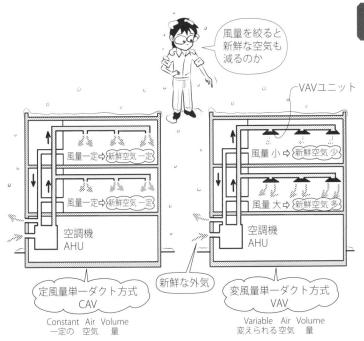

答え ▶ ×

R017　○×問題　変風量単一ダクト方式　その3

Q 変風量単一ダクト方式の空調設備は、定風量単一ダクト方式に比べて、空気の搬送エネルギーを低減することができる。

A 空気をフィルター、コイル、加湿器の中に通して部屋まで送ってから戻すという作業に、空気を動かすための搬送エネルギーが必要です。部屋の状況によって空気量を絞ることのできる変風量（VAV）単一ダクト方式の方が、不必要な送風を抑えられるので、搬送エネルギーは小さくてすみます（答えは○）。

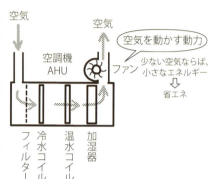

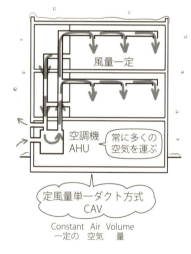

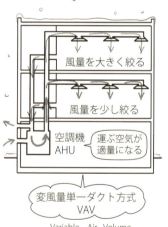

答え ▶ ○

R018 ○×問題　　　変風量単一ダクト方式　その4

Q 変風量単一ダクト方式の空調設備において、熱負荷のピークの同時発生がない場合、定風量単一ダクト方式に比べ、空調機やダクトのサイズを小さくすることができる。

A ピークの同時発生がない、ピークが分散すると事前にわかっている場合、下図左のように定風量（CAV）単一ダクト方式は無駄があります。必要以上の大きな空調機とダクトを用意しなければなりません。変風量（VAV）単一ダクト方式を用いると、ピークではない室では風量を絞ることができ、全体の空気量を抑えられ、空調機、ダクトを小さくできます（答えは○）。

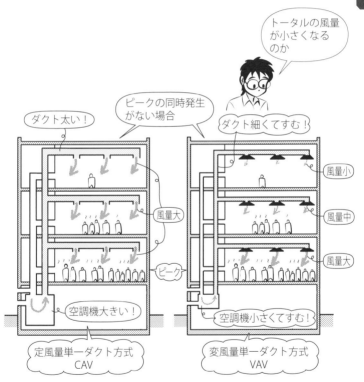

答え ▶ ○

R019 まとめ　　　定風量と変風量

空調機（エアハンドリングユニット：AHU）から各室へ1本のダクトで送り出す単一ダクト方式で、定風量（CAV）と変風量（VAV）の長短をまとめておきます。省エネルギー、空調機やダクトの小規模化はVAVが優れており、気流分布と清浄度の一様化ではCAVが勝っています。

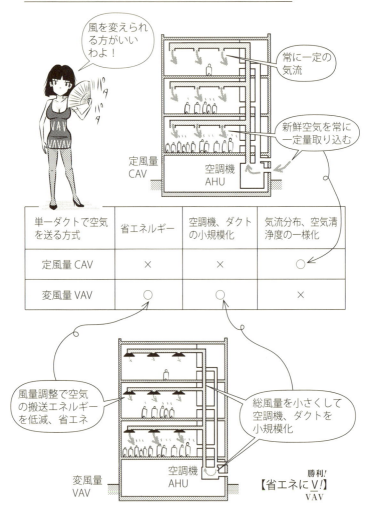

単一ダクトで空気を送る方式	省エネルギー	空調機、ダクトの小規模化	気流分布、空気清浄度の一様化
定風量 CAV	×	×	○
変風量 VAV	○	○	×

【 】内スーパー記憶術

★ R020 ○×問題　　二重ダクト方式　その1

Q 二重ダクト方式では、暖房と冷房が混在する複数の室に、1台の空調機で対応できる。

A 温風と冷風を空調機で同時につくり、2本のダクトで別々に送り、混合ユニット（混合ボックス、ミキシングボックス）で混合して、適度な温度にしてから吹き出す方法が、二重ダクト方式（デュアルダクト方式）です。さまざまな負荷に対応する、冷房と暖房を同時に行うなどが可能です（答えは○）。

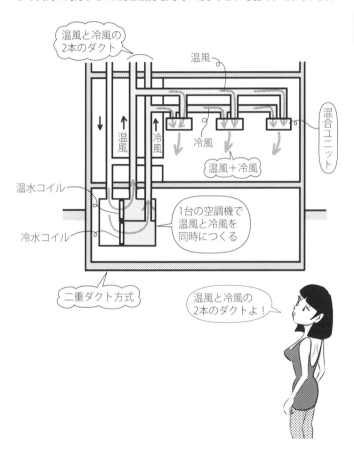

答え ▶ ○

★ **R021** ○×問題　　　　　　　　　　　二重ダクト方式　その2

Q 二重ダクト方式では、冷温風の混合によって、エネルギー消費量を減らすことができる。

A <u>二重ダクト方式では、温風と冷風の**2**本のダクトが送風側で必要となり、スペース効率が悪くなります。また各室に吹き出す前に両者を混ぜなければならず、エネルギーを消費します</u>（答えは×）。<u>スペース、エネルギーがかかり、施工費もかかるので、</u>クリーンルームなどの高い精度の制御が求められる特殊な場合以外は使われていません。

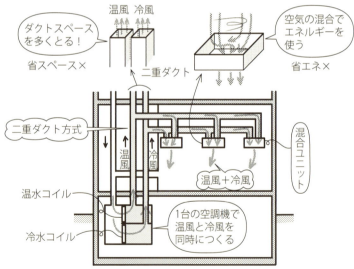

答え ▶ ×

★ R022 ○×問題 各階ユニット方式 その1

Q 各階ユニット方式とは、各階に空調機(エアハンドリングユニット)を置く空調方式である。

A 下図のように各階にエアハンドリングユニット(AHU)を置く方式を、各階ユニット方式といいます(答えは○)。冷凍機、ボイラーなどの熱源は1カ所に置いて、そこから温水、冷水を各AHUに送ります(中央熱源方式)。熱源まで空調機に組み込むのは、パッケージユニット方式といいます。

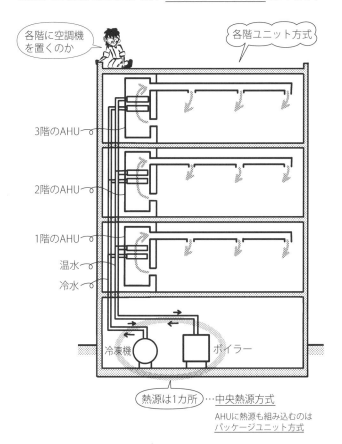

答え ▶ ○

★ **R023** ○×問題　　　　各階ユニット方式　その2

Q 各階ユニット方式では、各階の状況に応じて運転停止、温度や風量の調整ができる。

A ひとつの大型のエアハンドリングユニット（AHU）とせずに、各階に小型のAHUを分散して置くのが各階ユニット方式です。高層のオフィスビルなどで、ある階は仕事が終わっていても、別の階は仕事中ということがよくあります。AHUを分散しておけば、ある階だけ停止する、ある階は弱めにするなどが楽にできます（答えは○）。大規模な建物の場合、階やゾーンごとに別のAHUを設置して対応します。この分散されたAHUに冷凍機まで組み込んだ（パッケージした）空調機を、パッケージユニットと呼びます。その場合、冷凍機は各階のパッケージユニットに分散されることになります。

答え ▶ ○

★ R024　〇×問題　　　全空気方式

Q 定風量単一ダクト方式、変風量単一ダクト方式、二重ダクト方式、各階ユニット方式は、熱の運搬をすべて空気で行う全空気方式である。

A エアハンドリングユニット（AHU）で空気を暖め（冷やし）て、その空気を各部屋に送る方式、熱を空気だけで送る方式を全空気方式といいます（答えは〇）。空気方式ともいいます。

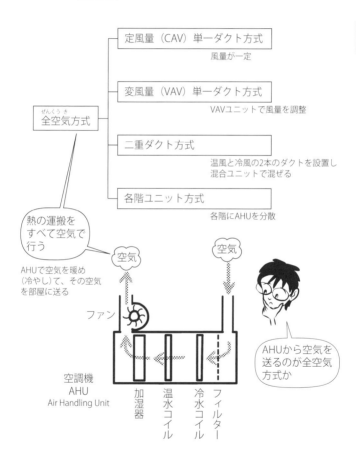

答え ▶ 〇

★ R025　○×問題　　ファンコイルユニット方式　その1

Q ファンコイルユニットとは、温水、冷水を流すコイルと空気を吹き出すファンからなる装置である。

A 下図のように、別の熱源から流れてくる温水、冷水をコイル（coil：グルグルと巻かれたもの）に流し、そこにファン（fan：うちわ、扇風機）で空気を通す機械（unit：ユニット）を、<u>ファンコイルユニット（**FCU**）</u>といいます（答えは○）。冷却によって除湿もできます。

答え ▶ ○

★ / **R026** / ○×問題　　　ファンコイルユニット方式　その2

Q ファンコイルユニット方式は、中央機械室から冷水または温水を供給し、各室に設置したユニットによって冷暖房する。

A 空調の仕組みは、下図のように、ボイラー、冷凍機などの熱源から水や冷媒などによって熱を運び、その熱を空気に伝えて冷暖房します。

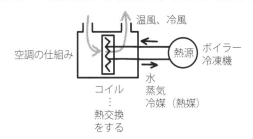

定風量 (CAV) 単一ダクト方式は下図左のように、熱源からエアハンドリングユニット (AHU) に熱を送り、そこで暖めた空気を各部屋までダクトで運びます。一方ファンコイルユニット (FCU) 方式では下図右のように、熱源から各室まで温水を送り、そこで直接、部屋の空気を暖めます。冷房の場合は、冷凍機から冷水を送ることになります（答えは○）。

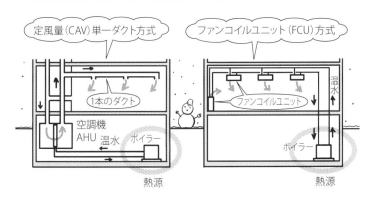

答え ▶ ○

★ R027　〇×問題　　ファンコイルユニット方式　その3

Q ファンコイルユニット方式は、ユニットごとに風量を調節することができる。

A ファンコイルユニット（FCU）は、各室で温風、冷風の風量の調整、それによる室温の調整ができます。各室の個別制御が容易なので、病室やホテルの客室に適しています（答えは〇）。

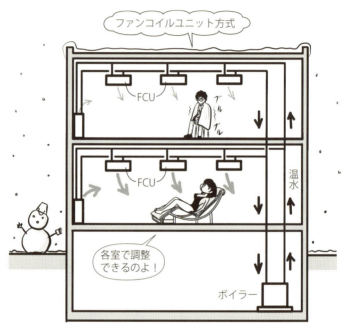

FCU：ファンコイルユニット

答え ▶ 〇

★ / **R028** / ○×問題　　　　ファンコイルユニット方式　その4

Q ファンコイルユニット方式の場合、換気設備がなくても新鮮な空気を取り込むことができる。

A 定風量（CAV）単一ダクト方式は空気を回すので、換気は組み込まれています。一方ファンコイルユニット（FCU）方式では、温水、冷水を各室に送るので、換気は別に考える必要があります（答えは×）。

ファンコイルユニット方式
FCU

FCU方式では
換気を別に考える
のよ！

冷凍機　　ボイラー

CAV方式では、換気はシステムに組み込まれてるわよ！

定風量単一ダクト方式
CAV
Constant Air Volume

排気
外気

排気
換気
外気
空気の交換

空調機 AHU

冷凍機　ボイラー

1

空調設備

● 壁付きのFCUで、換気を同時に行えるウォールスルー型もあります。

答え ▶ ×

35

★ / **R029** / ○×問題　　　ファンコイルユニット方式　その5

Q 窓下に床置型ファンコイルユニットを設置し、上向きの吹出しとすると、コールドドラフトの防止に有効である。

A 冷えたガラスに面した空気が収縮して、他の空気と比べて重くなると、下向きの流れとなります。コールドドラフトと呼ばれるものです。

コールドドラフトを防ぐには、窓下にファンコイルユニット（FCU）を設けて、上向きに温風を出すのが有効です（答えは○）。

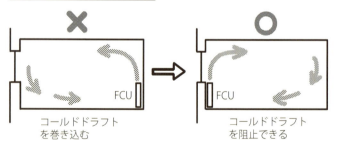

答え ▶ ○

★ R030 ○×問題　　ファンコイルユニット方式　その6

Q 窓下に暖房用コンベクターを設置するのは、コールドドラフトの防止に有効である。

A コンベクター（convector）は、直訳すると「対流させるもの」となります。暖かい空気をつくるだけで、軽くなった空気は自然に上がっていきます。ファンコイルユニット（FCU）は、ファンで強制的に空気の流れをつくりますが、コンベクターは自然の対流にまかせます。窓下に暖房用コンベクターを置けば、下から暖かい空気が上がるので、コールドドラフトを防ぐことができます（答えは○）。

答え ▶ ○

R031 ○×問題　ファンコイルユニット方式　その7

Q ファンコイルユニット方式の場合、温水、冷水の往（い）き管、戻り管は、2管方式、3管方式、4管方式がある。

A 下図のように、往き管、戻り管の本数によって、<u>2管方式、3管方式、4管方式</u>があります（答えは○）。

往き2本、戻り2本が1番ぜいたくよ！

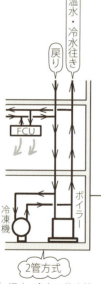

〔2管方式〕
- 温水、冷水の往き管
- 戻り管

往き管：supply pipe
戻り管：return pipe
戻り管は返り管ということもある。

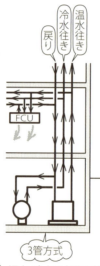

〔3管方式〕
- 温水、冷水の各往き管
- 戻り管

冷暖房が同時にできる

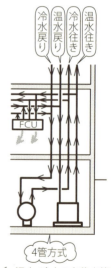

〔4管方式〕
- 温水、冷水の各往き管
- 温水、冷水の各戻り管

冷暖房が同時にでき、その場合は省エネ（温水の戻りはある程度暖かく、冷水の戻りはある程度冷たいため）

答え ▶ ○

R032 ○×問題 ファンコイルユニット方式 その8

Q リバースリターン方式は、ダイレクトリターン方式に比べて、冷温水配管のスペースを縮小することができる。

A リバースリターン方式とは、いったん逆向きに流して（reverse）から戻す（return）配管方式で、往復の配管長と抵抗が各器具で同じになり、流量を均一にできます。ただし戻り管が1本余分に必要なため、配管長は長くなり、配管スペースは大きくなります（答えは×）。

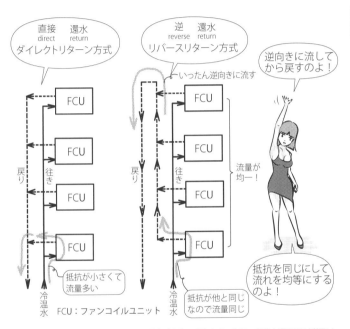

ダイレクトリターン方式は、最短経路で戻す方式で、近い機器ほど短い配管長となり、流量は近い機器ほど多くなってしまいます。

答え ▶ ×

R033 ○×問題　ファンコイルユニット方式　その9

Q ファンコイルユニット方式は、熱の運搬をすべて水で行う全水方式である。

A 部屋まで熱を運ぶのに、水のみで運ぶ方式を<u>全水方式</u>、空気のみで運ぶ方式を<u>全空気方式</u>といいます。ファンコイルユニット（FCU）方式は水のみで運ぶので、全水方式です（答えは○）。全水方式、全空気方式は、<u>水方式</u>、<u>空気方式</u>ともいいます。

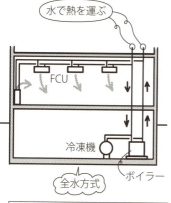

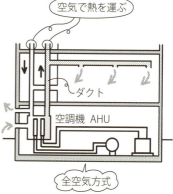

答え ▶ ○

★ R034 ○×問題　ファンコイルユニット方式　その10

Q ファンコイルユニット方式は、個別制御が容易なので、病室やホテルの客室に用いられることが多い。

A ファンコイルユニット（FCU）に冷水、温水をどれくらい流して、どれくらい冷風、温風を吹き出すかを、室内のスイッチで調整できます。病室やホテルの客室では、個別に制御できるファンコイルユニット方式が向いています（答えは○）。ホテルでは、FCUはバスルームの天井裏と窓下に置くのが一般的です。

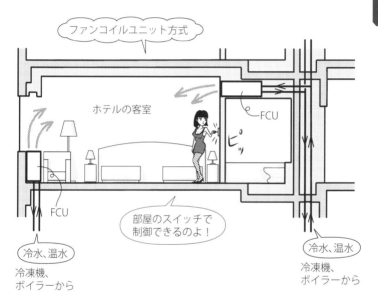

答え ▶ ○

R035 ○×問題　ダクト併用ファンコイルユニット方式　その1

Q ファンコイルユニット方式と定風量単一ダクト方式とを併用した方式は、定風量単一ダクト方式のみの場合に比べ、必要となるダクトスペースが大きくなる。

A ダクト併用ファンコイルユニット方式は、下図のように、定風量（変風量）単一ダクト方式とファンコイルユニット方式の両者を併用する方式です。<u>ファンコイルユニット（FCU）が助けてくれる分、ダクトから出す温冷風は少なくてすむので、ダクトとダクトスペースは小さくできます</u>（答えは×）。

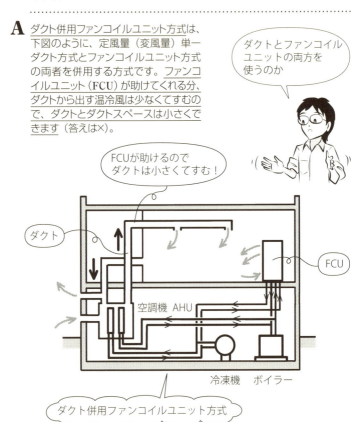

答え ▶ ×

★ R036　○×問題　　ダクト併用ファンコイルユニット方式　その2

Q ファンコイルユニット方式と定風量単一ダクト方式とを併用したダクト併用ファンコイルユニット方式は、空気・水方式である。

A ダクト併用ファンコイルユニット方式は、部屋まで熱を運ぶのに、空気と水の両方を使う空気・水方式です（答えは○）。全空気方式、全水方式と全を付けるのは、両方を使う方式があるからです。

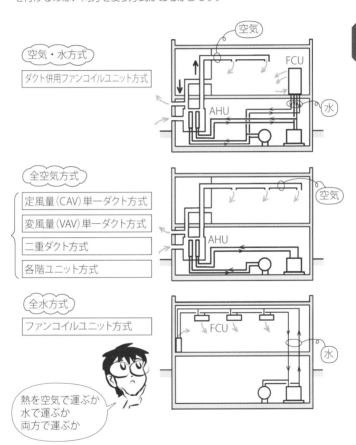

答え ▶ ○

★ R037 ○×問題　　　中央熱源方式

Q 定風量単一ダクト方式、ファンコイルユニット方式、ダクト併用ファンコイルユニット方式は、中央熱源方式である。

A 冷凍機、ボイラーといった熱源を1カ所に集中させ、そこから熱を運ぶ方式を、中央熱源方式といいます。今まで述べた全空気方式、全水方式、空気・水方式はすべて、中央熱源方式です（答えは○）。

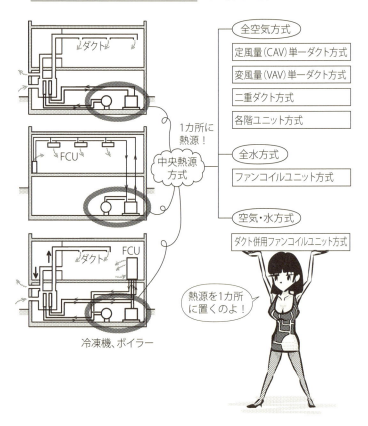

答え ▶ ○

★ R038　○×問題　　　　　　　　　　　　パッケージユニット

Q パッケージユニットとは、冷凍機を組み込んだ室内に置く中型の空調機である。

A 大型のエアハンドリングユニット（AHU）は、中央の機械室に置いて、そこからダクトで各室へ温冷風を送ります。一方、パッケージユニット（パッケージ型空気調和機）は、各階や各室に置いて、ユニット内の冷凍機からコイルに冷水や冷媒を流して空調を行います（答えは○）。冷凍機をパッケージしたユニット（機器）です。暖房はヒーターによる場合と、室外機を置いたヒートポンプによる場合があります。

答え ▶ ○

R039 ○×問題　空気熱源パッケージユニット　その1

Q 空気熱源パッケージユニットは、室外機から室内機に冷水を供給して冷房を行う。

A 空気中の熱を運んで冷暖房するヒートポンプを使って、冷凍機で出た熱を外へと運ぶのが、空気熱源パッケージユニットです。熱を運ぶのは、代替フロンや二酸化炭素などの冷媒です（答えは×）。冷却塔（クーリングタワー）で熱を逃がす場合は、冷水を使うので水冷式パッケージエアコンといいます。一方空気熱源パッケージユニットは、空気で冷やすので空冷式パッケージエアコンともいわれます。

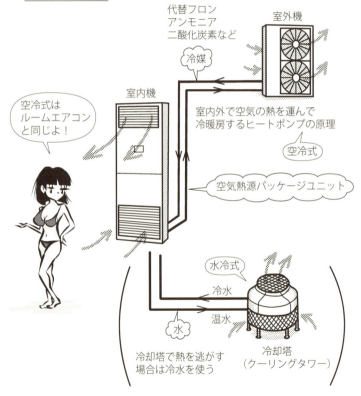

答え ▶ ×

★ R040 ○×問題   空気熱源パッケージユニット その2

Q 空気熱源パッケージユニット方式のマルチ型は、ひとつの室外機と複数の室内機を組み合わせる。

A 1台の室外機に複数の室内機を対応させる方式を、マルチ型といいます(答えは○)。

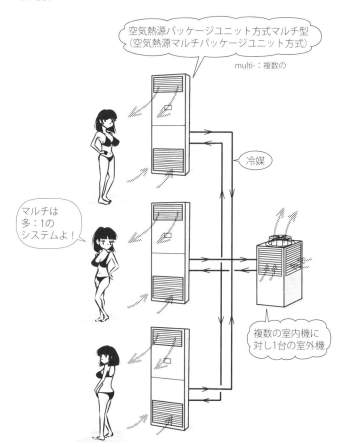

- 室外機は、屋上に集中配置するよりも、各階バルコニーに分散配置した方が冷媒管が短くなって効率は上がります。
- 冷暖房同時型のマルチパッケージ型空調機は、冷房運転で発生した排熱を暖房に使えるので、省エネルギー効果があります。

答え ▶ ○

R041 ○×問題　空気熱源パッケージユニット　その3

Q 変風量単一ダクト方式では、空気熱源マルチパッケージユニット方式に比べ、空気搬送エネルギーは大きくなる。

A 空気熱源マルチパッケージユニット方式は、右図のように、熱を運ぶのは冷媒。ダクトは換気だけなので、ダクトは細く、空気を運ぶエネルギーは小さくてすみます。

一方、変風量（VAV）でも定風量（CAV）でも単一ダクト方式では、熱を運ぶのも換気もダクトで行うので、空気搬送エネルギーは大きくなります（答えは○）。単一ダクトどうしならば、空気を絞れるVAV方式の方が、CAV方式よりもエネルギーは小さくてすみます。

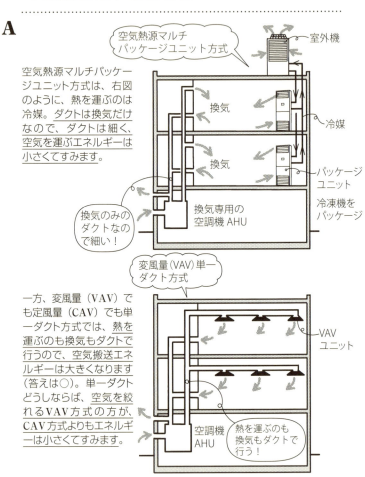

答え ▶ ○

R042　○×問題　　　　　　　　　　ルームエアコン　その1

Q 住宅などに用いられる小型の空気熱源パッケージユニットを、ルームエアコンという。

A 住宅によく使われるルームエアコンは、空気熱源パッケージユニットを小型化したものです（答えは○）。

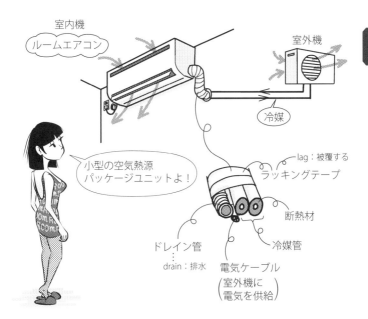

　ルームエアコンは、熱交換するだけで換気は行いません。給気口と排気ファン（換気扇）は別に必要となります。

答え ▶ ○

R043 ○×問題　ルームエアコン　その2

Q 空気熱源パッケージユニット、ルームエアコンでは、ファンや圧縮機の制御にインバーターを使うものが多い。

A インバーター（inverter）とはトランジスタを組み合わせた回路をもち、交流の電圧と周波数を変えたり、直流を交流に変えたりする装置です。交流モーターで回すファンで風を起こす場合、インバーターがないと、下図のようにモーターをON、OFFさせたり、ダクトを絞る羽根（ダンパー）で風量を調節するしかありません。インバーターで交流の周波数を変えると、モーターの回転数をなめらかに変えられて、省エネルギーにもなります。パッケージユニット、ルームエアコンの交流モーターには、インバーターを付けて、回転数を制御するのが一般的です（答えは○）。

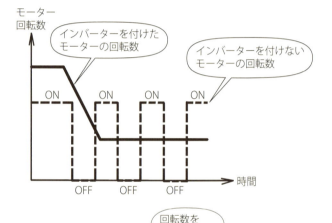

― スーパー記憶術 ―

中にバターを入れて、風味を調節
イン　バーター　　　　　　風量制御

- インバーターのために、交流周波数（50Hzまたは60Hz）の何倍もある高調波が発生することがあります。アクティブフィルターは、高調波と逆位相の電流を発生させて高調波を相殺させます。
- インバーターは、太陽光パネルで発電された直流の電気を交流に変える際にも使われます。

答え ▶ ○

★ R044 ○×問題　PID制御

Q 空調におけるPID制御は、比例、積分、微分の3つの利点を組み合わせた制御方式である。

A PID制御とは、ON、OFF制御の不連続で温度調整が困難という欠点を補うために、比例、積分、微分を用いた制御方法です（答えは○）。空調に限らず、ある目標値に収束させるために、出力→結果→出力調整を繰り返しながら（フィードバックしながら）行う制御方法です。

― スーパー記憶術 ―

ス<u>ピー</u>ド制御
　　PID

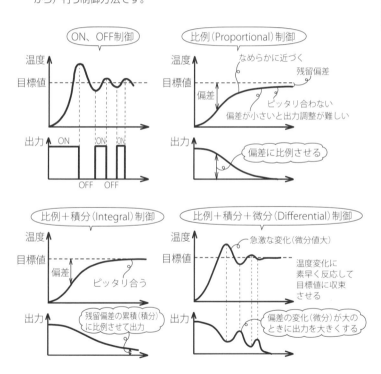

答え ▶ ○

★ **R045** ○×問題　　　　　　　　　　　　　　　冷媒方式

Q 空気熱源パッケージユニット方式、空気熱源マルチパッケージユニット方式、ルームエアコン方式は、冷媒方式に分類される。

A 室内機と室外機との熱のやり取りを冷媒で行うので、冷媒方式となります（答えは○）。

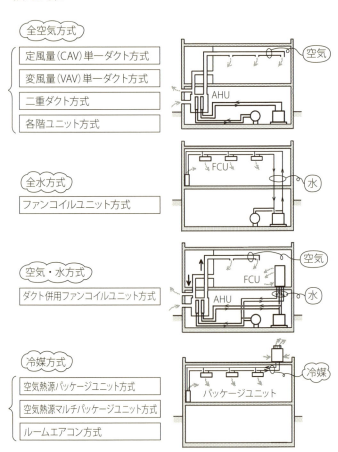

答え ▶ ○

★ R046 ○×問題　　　分散熱源方式

Q 空気熱源パッケージユニット方式、空気熱源マルチパッケージユニット方式、ルームエアコン方式は、分散熱源方式に分類される。

A 空気熱源パッケージユニット、ルームエアコンは、各々の機器に冷凍機などの熱源が組み込まれているので、熱源が分散された分散熱源方式です（答えは○）。

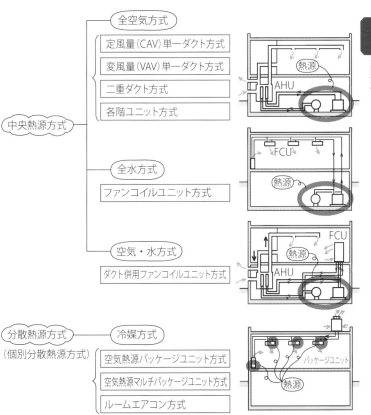

- 超高層建築物において、中央管理方式の空気調和設備の制御、監視のために、避難階またはその直上階、直下階に中央管理室を設けます（建築基準法施行令20の2）。

答え ▶ ○

R047 ○×問題　放射空調方式

Q 1. 放射空調方式は、一般に、天井等に設置した放射パネルを冷却または加熱することにより放射パネルと人との間で放射熱交換を行う方式であり、気流や温度むらによる不快感が少ない。
2. 冷水パネルを用いた放射空調方式は、気流や温度むらによる不快感が少ない方式であるが、パネル表面の結露を防止するため、パネル表面温度を室内空気の露点温度以上に保つ必要がある。

A 太陽の熱が真空中でも地球に届くのは、電磁波の放射によります。放射空調方式とは、天井などに設置した放射パネルを冷温水で冷却、加熱することで冷暖房を行う方式です。空気を使わずに熱のやり取りをするので、気流や温度むらによる不快感が少なくなります（1は○）。

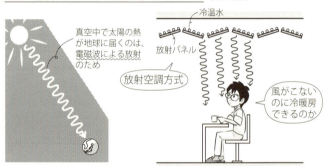

パネル表面が冷えて露点温度以下になると、表面に結露が発生します。結露を防ぐためにはパネルの表面温度を、室内空気の露点温度以上にする必要があります（2は○）。

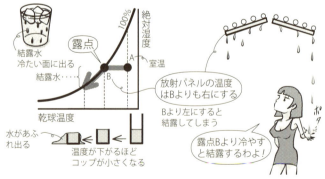

- 放射空調では湿度を下げられないので、別の空調機から低湿度の空気を送風して潜熱処理（湿度を下げる）します。

答え ▶　1. ○　2. ○

★ R048 ○×問題　　　　　　　　　　　床吹出し空調方式

Q 1. 床吹出し空調方式は、冷房運転時であっても、空調域の高さに応じた気流特性を有する床吹出し口を用いることにより、天井高にかかわらず効率的な居住域空調が可能である。

2. 床吹出し空調方式は、二重床の床下空間を利用し、床面に設けた吹出し口から空調空気を吹き出す方式であり、一般に、暖房運転時における居住域高さでの垂直温度差は大きい。

A 床吹出し空調方式はフリーアクセスフロアなどの床下を床下チャンバーとして冷温風を流し、床の吹出し口から微風速で吹き出す空調方式です。通気性カーペット全面から吹き出す方式もあります。吹抜けやアトリウムなどの天井の高い空間においても、床に近い居住域の空調に効果的です（1は○）。床に近い人間の居住域のみを効率的に空調しようという発想です。

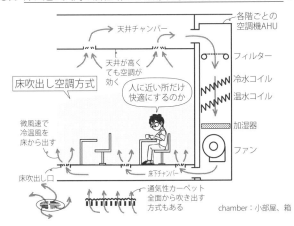

暖房時には床から吹き出した温風が上昇気流となり、さらに軽い暖かい空気は上に上がるので、垂直温度差は小さくなります（2は×）。また冷房時には冷風が室内の熱を吸収して上昇気流となり、さらに冷えて重い空気は下にたまるので、垂直温度差は逆に大きくなります。

- フリーアクセスフロア：床下に電源や通信用の配線、空調設備などの機器を収納することのできる高さが50mm、100mm程度の二重床のこと。

答え ▶ 1. ○　2. ×

★ **R049** ○×問題　　　　　　　　　　　　　　　　　　床暖房と上下温度差

Q 床暖房は、室内における上下の温度差が少なくなる。

A 床に温水を通す、電気ヒーターで床を暖めるなどの床暖房は、<u>室内の上下の温度差を少なくすることができます</u>（答えは○）。天井に付けたファンコイルユニットから温風を出す方式では、床付近は冷たく、天井付近は暖かく、不快な温度分布となりやすくなります。

暖かい空気は軽いので上へ上がり、下が冷たく上が暖かい温度分布となる

下から暖めるので、下が冷えず、下から上まで温度は一定に近い

長椅子：ル・コルビュジエ作
　　　　シェーズロング

- オフィスなどで行われる<u>床吹出し空調方式</u>では、暖房時には上昇気流のため、<u>垂直温度差は小さくなります</u>。

答え ▶ ○

★ R050 ○×問題　　　蓄熱式空調システム　その1

Q 蓄熱式空調システムは、夜間に蓄熱槽の水、氷などに熱を蓄え、昼間にその熱を使う方式である。

A 蓄熱槽（ちくねつそう）に夜間、熱を蓄えておき、昼間にその熱を補助として使うのが蓄熱式空調システムです（答えは○）。昼間のピーク時の負荷を抑えられるので熱源の機器容量を小さくすることができ、また熱の変動を抑えられるので省エネルギーでもあります。蓄熱槽には防水と断熱が必要です。

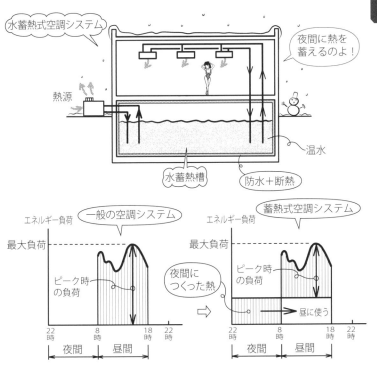

― Point ―

水蓄熱式空調システム → { 熱源機の小型化 / 電力需要を平準化 }

答え ▶ ○

★ **R051** 〇×問題　　　　　　　　　　　　**蓄熱式空調システム　その2**

Q 蓄熱式空調システムは、開放回路型の空調システムである。

A 冷媒、水などの熱を運ぶ物の巡回する回路が、閉じているのが密閉回路型、間に蓄熱槽が入って水が大気に対して開いているのが開放回路型です（答えは〇）。

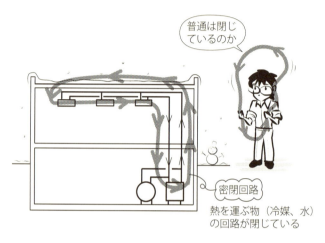

答え ▶ 〇

★ R052 ○×問題　蓄熱式空調システム　その3

Q 最下階に蓄熱槽を設けた開放回路型空調システムでは、密閉回路型に比べて、ポンプ動力を低減することができる。

A 開放回路型では、水は蓄熱槽でいったん大気圧に戻り、上階に送る際に再び圧力をかけるので、ポンプ動力は密閉型に比べて増えます（答えは×）。

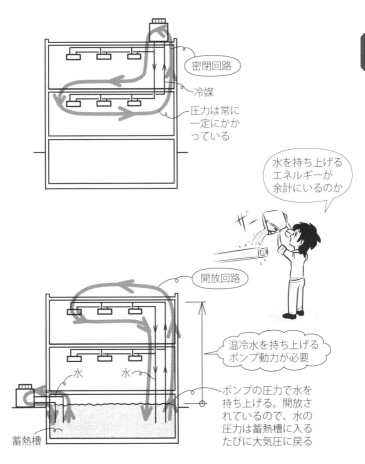

答え ▶ ×

★ / R053 / ○×問題 蓄熱式空調システム その4

Q 氷蓄熱式空調システムは、水蓄熱式に比べて、蓄熱槽を小型化できる。

A 氷蓄熱式空調システムは、氷と水を蓄熱槽に入れておくことで、熱を蓄える空調システムです。この場合の熱を蓄えるとは、冷たさを維持すること、冷房の際の熱エネルギーを奪う能力を蓄えるという意味です。冷水を蓄えるよりも、蓄熱量が大きくなり、その分、蓄熱槽を小さくすることができます（答えは○）。

答え ▶ ○

★ / R054 / ○×問題　　　　　　　蓄熱式空調システム　その5

Q 蓄熱式空調システムにおいて、蓄熱媒体には水や氷のほかに、土壌や躯体を用いることが可能である。

A 下図のように土壌に熱を保持させる<u>土壌（地中）蓄熱式</u>、各階のコンクリート床スラブに温水管を通すなどで躯体に熱を保持させる<u>躯体蓄熱式</u>などがあります（答えは○）。

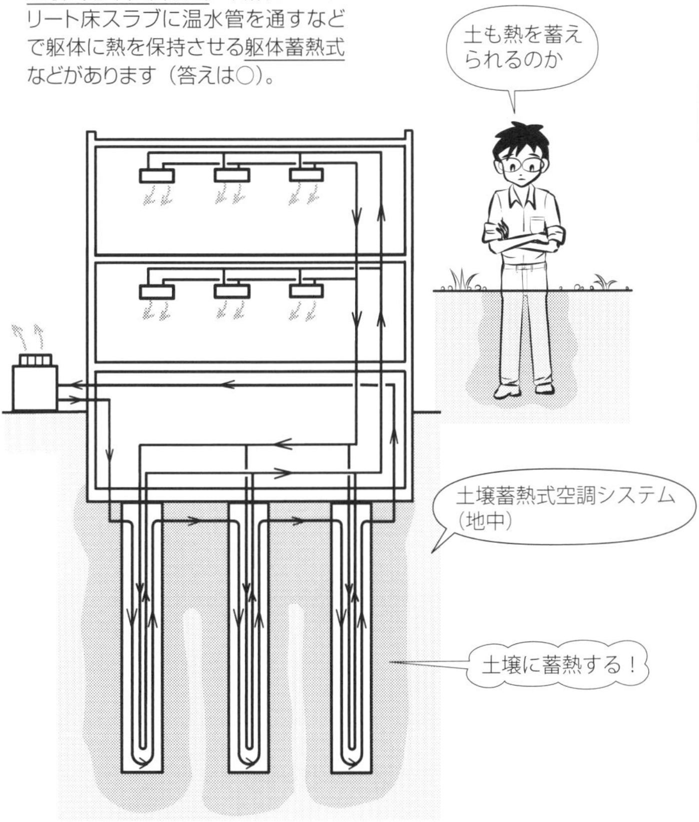

土も熱を蓄えられるのか

土壌蓄熱式空調システム（地中）

土壌に蓄熱する！

答え ▶ ○

★ R055 ○×問題　蓄熱式空調システム　その6

Q 水蓄熱式空調システムにおいて、変流量制御を行うことは、蓄熱槽の温度差の確保と省エネルギーに効果がある。

A <u>変流量（VWV）制御とは、冷温水の流量を制御して室温を調節することです。無駄な流れを省くので、ポンプの動力が節約でき、蓄熱槽の熱を有効利用できるので省エネルギーに効果的です</u>（答えは○）。

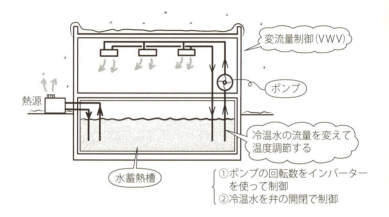

― Point ―

変風量制御　　VAV　　空気（Air）の流れを制御
(Variable Air Volume)
可変の　　　　【バブバブ言ったら<u>風を緩める</u>】
　　　　　　　　　VAV　　　　　　　変風量

変流量制御　　VWV　　冷温水（Water）の流れを制御
(Variable Water Volume)

【　】内スーパー記憶術

答え ▶ ○

R056 ○×問題　　　定風量・定流量と変風量・変流量

Q 一般に、水を使う場合も空気を使う場合も、定風量・定流量制御（CAV、CWV）よりも変風量・変流量制御（VAV、VWV）の方が、省エネルギー効果は高い。

A 定風量（CAV）よりも変風量（VAV）、定風量・定流量（CWV）よりも変風量・変流量（VWV）の方が、室温変化に応じて流れが変えられるので、省エネルギー効果は大きくなります（答えは○）。

	一定 Constant	変化 Variable
空気の風量	$\dot{C}AV$ (Constant Air Volume)	$\dot{V}AV$ (Variable Air Volume)
水の流量	$\dot{C}WV$ (Constant Water Volume)	$\dot{V}WV$ (Variable Water Volume)

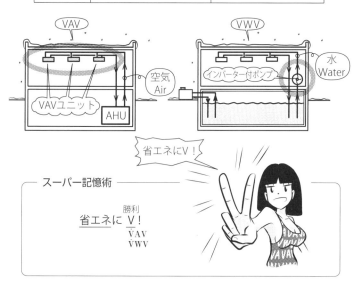

― スーパー記憶術 ―

省エネに $\underset{\dot{V}AV\\\dot{V}WV}{\overset{勝利}{V}}$ ！

答え ▶ ○

★ **R057** ○×問題　　　　　　　　　　　　　　　　　　　　制御弁　その1

Q 変流量方式の空気調和設備において、配管流量を弁で調整するには、2方弁を用いる。

A 変流量（VWV）方式の場合、ポンプのモーター出力を調整するほかに、弁で調節する方法もあります。その場合、下図のように弁を電気的に動かせる2方弁（2方制御弁）を使います（答えは○）。弁を中心として2方向に向かうので2方弁と呼ばれ、3方向に向かうものは3方弁といいます。

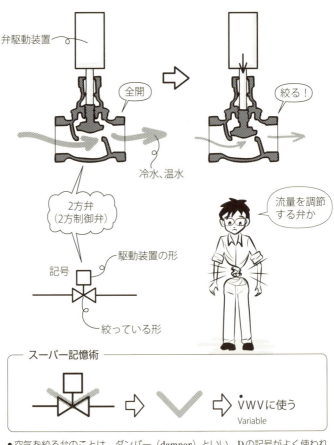

- 空気を絞る弁のことは、ダンパー（damper）といい、Dの記号がよく使われます。

答え ▶ ○

★ / R058 / ○×問題　　　　　　　　　　　制御弁　その2

Q 定流量方式の空気調和設備において、配管流量を弁で調整するには、3方弁を用いる。

A 定流量（CWV）方式の場合、冷温水は一定量が常に全体に流れます。ある部屋の温度を調整したい場合、流量は変えられないので、冷温水をファンコイルユニットを通らないように迂回させて、バイパスを通して温度を調整します。そのための弁は、弁の中心から3方向に向かう3方弁（3方制御弁）を使います（答えは○）。3方弁はこのようにバイパスを通すときのほかに、違う流れを混ぜて合流させる際にも使われます。

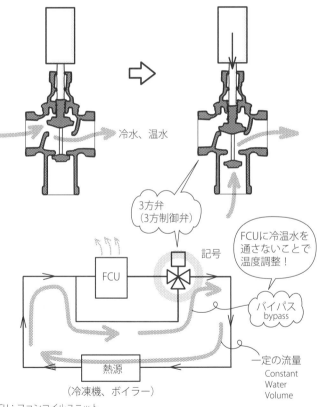

FCU：ファンコイルユニット

答え ▶ ○

★ / R059 / ○×問題　　　　　　　　　　　　　　　制御弁　その3

Q 空気調和設備の冷温水コイルまわりの制御については、2方弁制御より3方弁制御の方がポンプ動力を減少させることができる。

A 定流量（CWV）方式では、冷温水の流量を一定にして、3方弁でファンコイルユニットに行かないようにするので、ポンプ動力は一定です。3方弁で流れる管を変えているだけで、流量は変わりません。一方変流量（VWV）方式では、ポンプ動力を下げ、2方弁で冷温水の流量も絞るので、省エネルギーとなります（答えは×）。

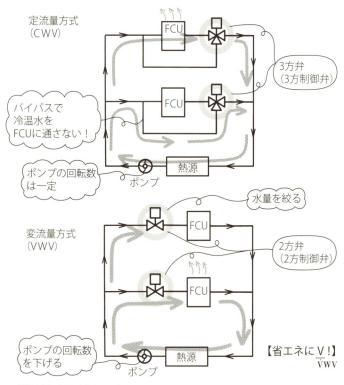

FCU：ファンコイルユニット

【　】内スーパー記憶術

答え ▶ ×

★ R060 ○×問題　　空調のゾーニング　その1

Q 空調設備におけるゾーニングは、室の用途、使用時間、空調負荷、方位などにより、空調系統をいくつかに分割することである。

A 外周部のペリメーターゾーン（perimeter zone）と内部のインテリアゾーン（interior zone）に大きくゾーン分けすることは、よく行われます。面積が広い場合やテナントが違う場合などでは、平面的にも分割します（答えは○）。

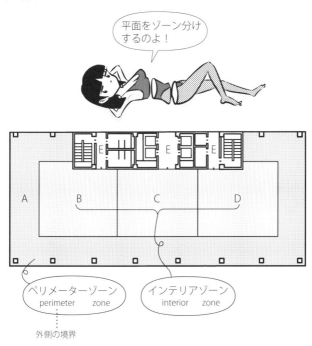

外側の境界

答え ▶ ○

R061　〇×問題　　　空調のゾーニング　その2

Q ペリメーターゾーンとは、建物外周部から約5m以内の、熱負荷の大きい部分を指す。

A ペリメーターゾーン（perimeter zone）とは、建物外周部の、冷暖房負荷の大きい部分を指します。係数の計算では、外壁やガラスから**5m**とされることが多いです（答えは〇）。

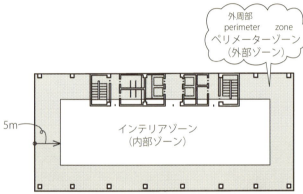

係数の出し方によって、ペリメーターゾーンの奥行き×幅の計算の仕方が違います

― スーパー記憶術 ―

　　　　(縁)
　　　へりから5mのゾーン
　　　ペリ　　メーター　ゾーン

答え ▶ 〇

★ R062 ○×問題　　　　　　　　　　　　　　　PAL

Q 窓の断熱性能を高めて、PAL（年間熱負荷係数）の値を大きくした。

A 年間熱負荷係数（PAL：パル）とは、窓や外壁に近いペリメーターゾーンの、1m²当たりの年間熱負荷のことです。窓の部分が断熱の弱点となり、インテリアゾーンよりも熱負荷は高くなります。窓の断熱性能を上げると、PALの値は小さくなります（答えは×）。

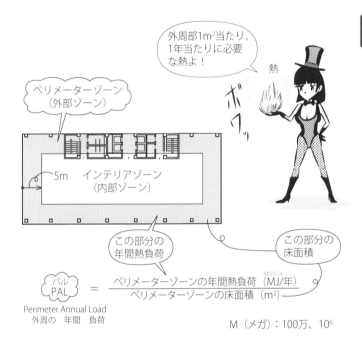

$$PAL = \frac{ペリメーターゾーンの年間熱負荷（MJ/年）}{ペリメーターゾーンの床面積（m^2）}$$

Perimeter Annual Load
外周の　年間　負荷

M（メガ）：100万、10^6

――― スーパー記憶術 ―――

（ガラスをもう1枚）張ると熱負荷が下がる！
　　　　　　　　　　　　PAL

- 2013年から、外皮性能を表すPAL（パル）の床面積算定の仕方を少し変えたPAL*（パルスター）が、使われるようになりました。PAL*での床面積＝外周の長さ×5mとされ、コーナー部は重複して、実際の床面積より多めにカウントされ、値は少し小さくなります。

答え ▶ ×

R063 ○×問題　換気　その1

Q 屋内駐車場の換気方式においては、一般に、周辺諸室への排気ガスの流出を防ぐために、第二種機械換気方式を採用する。

A 給気と排気の両方を機械ファンで行うのが第一種（機械）換気、給気を機械ファンで行うのが第二種（機械）換気、排気のみ機械ファンで行うのが第三種（機械）換気です。キッチンや浴室に排気ファンを付けただけのよくある換気は、第三種換気です。

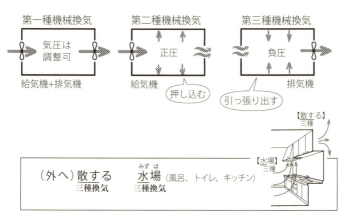

　屋内駐車場で排気が周辺の部屋に漏れないようにするには、周辺の部屋よりも屋内駐車場の気圧が低くなる、大気圧よりも低い負圧にする必要があります。負圧にするためには、排気ファンだけ付ける第三種換気か、給気と排気の両方のファンで負圧を維持するように調整する第一種換気とします（答えは×）。第二種換気では室内が正圧になり、周囲の部屋に排気ガスを流出させてしまいます。

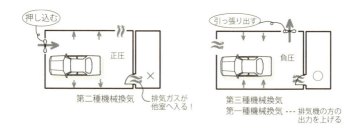

答え ▶ ×

★ R064 ○×問題　　　　　換気 その2

Q 1. ボイラー室において、燃料の燃焼にともなう発熱を制御するため、第三種機械換気方式とした。

2. ボイラー室の給気量は、「室内発熱を除去するための換気量」に「燃焼に必要な空気量」を加えた量とする。

A 周囲から汚染された空気が入らないようにするために、ボイラー室は正圧にする必要があります。またボイラー燃焼に必要な新鮮空気を確実に取り入れるため、ボイラー室は第一種機械換気か第二種機械換気とします（1は×）。給気量は燃焼に必要な分のほかに、熱を逃がすための換気量も必要です。両者の合計がボイラー室の給気量となります（2は○）。

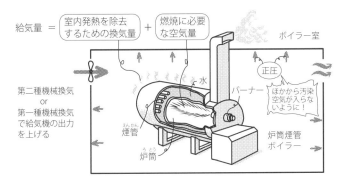

揮発性有機化合物（VOC）が室内に入らないようにするには、室内を正圧に保つ第二種換気にします。そのほか手術室、クリーンルームなども汚染物質が入らないように、第二種換気にします。

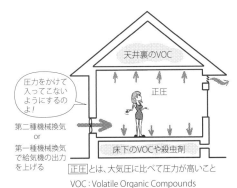

正圧とは、大気圧に比べて圧力が高いこと
VOC：Volatile Organic Compounds
揮発性有機化合物

【ニスのにおいを入れない】
　二種換気

【　】内スーパー記憶術

答え ▶ 1. ×　2. ○

★ R065 ○×問題　　換気　その3

Q 化学処理や実験等に用いられる作業台と排気フードが組み合わされたドラフトチャンバーの排気風量は、作業用開口部の面積と制御風速によって決定される。

A ドラフトチャンバーとは局所排気装置の一種で、化学実験などで発生する有害ガスや揮発性の有害物質を屋外に排気する箱状の装置です。ドラフト（**draft**）はすき間風、通気、チャンバー（**chamber**）は小部屋で、ドラフトチャンバーは通気のための小部屋が原義です。設置するだけの既製品や、建築工事でつくる大型のものもあります。ドラフトチャンバーの排気量は、正面から見た作業開口部の面積と排気風速の積で決まります（答えは○）。

排気風量Q = 作業開口部の面積A × 制御風速v

$Q = A \text{ m}^2 × v \text{ m/s} = Av \text{ m}^3/\text{s} = 60Av \text{ m}^3/\text{min}$

second　　　minute
秒　　　　　分

Q:Quantity　A:Area　v:velocity

コールドドラフト（**cold draft**）は冷たいすき間風が原義で、窓で冷やされた空気が下に落ちて部屋内に流れる不快な冷たい風のことです。天井チャンバー方式とは、天井裏を空気が出入りする小部屋として、給気、排気や火災時の煙を天井裏に入れて給排気、排煙を行う方式です。給気の場合は給気ダクトを天井裏につなげて天井裏の気圧を上げて、天井の吹出し口から室内へ給気します。ダクトによる給気に比べて天井裏の空間が大きいので、圧力損失を低くできます。

答え ▶ ○

★ R066 ○×問題　　　換気　その4

Q 1. 100m²の喫茶店の客席（64席）の換気量を、2000m³/hとした。
2. 500m²の劇場の客席（400席）の換気量を、6000m³/hとした。
3. 1000m²の自走式屋内地下駐車場の換気量を、14000m³/hとした。

A 事務所、喫茶店、劇場などの必要有効換気量は、1人当たり20m³/h以上とされています（建築基準法施行令20の2）。Q1の64人では1280m³/h以上、Q2の400人では8000m³/h以上となります（答えは1は○、2は×）。

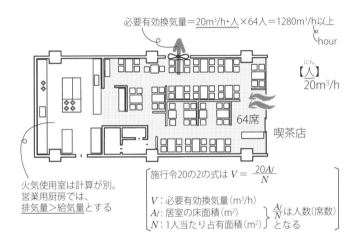

500m²以上ある屋内駐車場の必要有効換気量は、1m²当たり14m³/hとされています（駐車場法施行令12）。Q3の1000m²では14000m³/hとなります（3は○）。ただし換気上の有効開口面積がその階の床面積の1/10以上ある場合は、機械換気は不要となります。

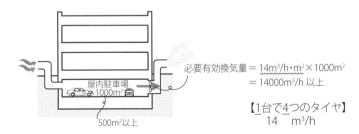

【　】内スーパー記憶術

答え ▶ 1. ○　2. ×　3. ○

R067 ○×問題　換気　その5

Q
1. 喫煙室において、非喫煙場所との境界の開口部における気流の風速は、喫煙室に向かって0.2m/s以上とした。
2. 火気使用室において、排気フードⅡ型を設けた換気扇の必要有効換気量 V は、$V=20KQ$（K：燃料の単位燃焼量当たりの理論排ガス量、Q：火を使用する設備または器具の実状に応じた燃料消費量）により算出した。

A 喫煙室の出入口において、非喫煙場所から喫煙室へ向かう空気の流れ（面風速）は0.2m/s以上とします（厚生労働省ガイドライン、1は○）。

【レーニンはタバコ嫌い】(史実のようです)

火気使用室の必要有効換気量は、告示にて以下のように決められています。排気フードⅡ型の一般的なフードで N は前項の一人当たり必要有効換気量と同じ20m³/hで、排気フードⅠ型のレンジフードでは N =30m³/hとなります（2は○）。

必要有効換気量（V）=定数（N）×理論排ガス量（K）×燃料消費量または発熱量（Q）

V：必要有効換気量（m³/h）
N：排気フードなし：N=40、排気フードⅠ型：N=30、排気フードⅡ型：N=20（m³/h）
K：理論排ガス量（m³/kgまたはm³/kWh）
Q：ガス器具の燃料消費量（kg/h）または発熱量（kW）（昭45建告1826）

【Ⅱ型火気使用室】
$\underline{20}\ \underline{K}\ \underline{Q}$

【　】内スーパー記憶術

答え ▶ 1. ○　2. ○

R068 ○×問題　換気　その6

Q JISにおけるクリーンルームの空気清浄度は、清浄度クラスの値が大きいほど高くなる。

A クリーンルームとは、浮遊微粒子量を少なくするように空気清浄度が管理された部屋のことで、精密機械工場などで使われます。$1m^3$中に含まれる粒径$0.1\mu m$の微粒子数を10のN乗個として、そのNをクラス表示としています。クラスは1～9に分けられ、クラスの数値が大きいほど浮遊微粒子数が多くなり、清浄度は低くなります（答えは×）。

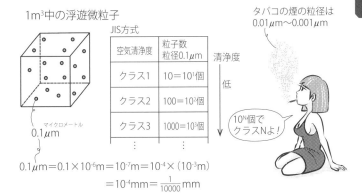

バイオロジカルクリーンルーム（biological：生物学的）とは、生物微粒子量を一定以下にした無菌室のことで、医薬品工場などで使われます。精密機械工場ではクリーンルーム、医薬品工場ではバイオロジカルクリーンルームです。

- 精密機械工場→クリーンルーム
- 医薬品工場→バイオロジカルクリーンルーム

RI（ラジオアイソトープ施設：放射線を出す物質を扱う）の場合、空気の再循環は許されず、給気はすべて排気するオールフレッシュ（全排気）方式とします。

答え ▶ ×

★ R069 ○×問題　　　　　　　　　　　　　　　　　　　換気　その7

Q 1. ナイトパージは、夜間に外気導入を行い、翌日の空調立上げ負荷を減らす省エネルギー手法である。
2. ディスプレイスメント・ベンチレーション（置換換気）は、工場等において、汚染物質が周囲空気より高温または軽量な場合に有効である。

A パージ（**purge**）は追放することで、戦時中の「レッドパージ」は共産主義者を追放する赤狩りのこと。ナイトパージは夜間に熱を追放することで、夜間外気導入、夜間蓄冷などと訳されます。中庭やアトリウムの窓を夜間開けて、熱を逃がします（1は○）。細長い吹抜け、アトリウムはソーラーチムニー（太陽の煙突）とも呼ばれ、太陽熱による温度差で上昇気流をつくって換気できます。パッシブ型（受動的）省エネルギー手法です。

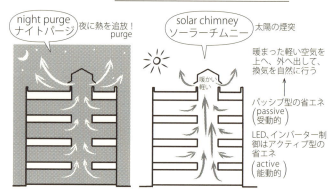

　ディスプレイス（**displace**）は置き換えること、ベンチレーション（**ventilation**）は換気で、ディスプレイスメント・ベンチレーションは置換換気です。下から新鮮空気を入れ、上から汚れた空気を出すと、相互が混ざらずに置き換わって効率よく換気できます。汚染物質が新鮮空気よりも高温で軽いと、このやり方が有効です（2は○）。

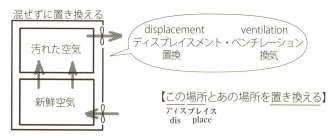

【　】内スーパー記憶術

答え ▶ 1. ○　2. ○

★ R070 ○×問題　　　換気　その8

Q 窓システムにおいて、ダブルスキン方式に比べて日射による窓部からの熱負荷の低減効果が高いエアバリア方式を用いた。

A ダブルスキンは二重ガラス、二重壁にして、外気をその中に通して日射で熱くなった空気を外に逃がし、空調効率を上げる方式。ブラインドは二重ガラスの中に仕込みます。エアバリア方式は、ガラスとブラインドの間に下から空気を吹き出して空気の流れをつくり、天井からそれを吸気して空調効率を上げる方式です。

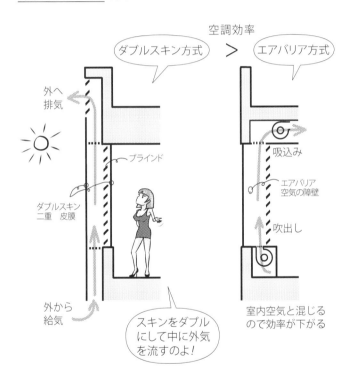

　ダブルスキン方式の方が、ガラス間の空気が内部の空気と混ざらないため、エアバリア方式よりも空調の効率はよくなります（答えは×）。木造住宅で壁板を二重にして、基礎上から外気を入れて軒下から出す通気層をつくって熱気や湿気を上に抜く方法は一種のダブルスキンで、オフィスビルはガラスを大々的に使ってそれを行っているともいえます。

答え ▶ ×

R071 ○×問題　気化熱と凝縮熱　その1

Q 冷媒や水が液体から気体になる際に、周囲に熱を放出する。

A 汗が乾くときに、涼しく感じます。液体の水が気体の水蒸気になる気化（蒸発）の際に熱を奪うので、気化熱（蒸発熱）ともいいます。気体になると分子運動が活発になり、その運動エネルギーを得るために、周囲から熱を奪うためです（答えは×）。

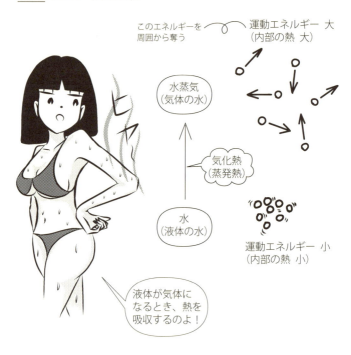

答え ▶ ×

R072 ○×問題　　気化熱と凝縮熱　その2

Q 冷媒や水が気体から液体になる際に、周囲に熱を放出する。

A 吸湿発熱素材の下着は、汗の水蒸気を吸湿し、気体から液体に変わる際の発熱を利用しています。その熱を逃がさないように断熱性を高くし、液体になった汗が再度気化して熱をとられないように、気化は肌から遠い外側で発生するように工夫されています。気体から液体になる変化を凝縮（凝結）、そのときに出す熱を凝縮熱といいます（答えは○）。

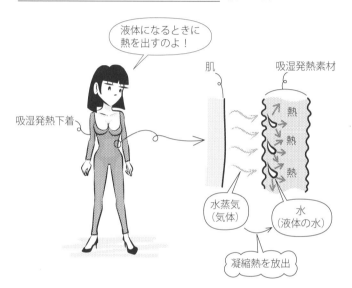

- Point

  気化（液体→気体）…熱を吸収 ⇨ 分子運動エネルギー大

  凝縮（液体←気体）…熱を放出 ⇨ 分子運動エネルギー小

- 凝縮（ぎょうしゅく）は凝結ともいいます。凝固（ぎょうこ）は液体が固体になることです。

答え ▶ ○

★ R073 ○×問題 気化熱と凝縮熱　その3

Q 気体の冷媒や水を液体にするには、圧力をかける方法がある。

A 冷媒や水の三態（固体、液体、気体）を、温度、圧力の図にすると、下のようになります。気体を強制的、機械的に液体に変化させるには、圧力を大きくする、すなわち圧縮する方法がよくとられます。（答えは○）。冷凍機やエアコンに圧縮機（コンプレッサー）があるのは、そのためです。

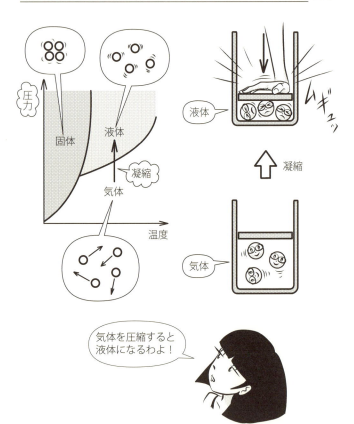

答え ▶ ○

R074　○×問題　空気熱源ヒートポンプ　その1

Q 空気熱源ヒートポンプ方式のルームエアコンの暖房能力は、外気の温度が低くなるほど低下する。

A 空気の熱（heat）を低温部から高温部へ汲み上げる（pump）のが、空気熱源ヒートポンプの原理です。外気温が低すぎると、外気中の熱が少なくなり、汲み上げる熱が減り、暖房効率は悪くなります（答えは○）。冷房は暖房の逆で、低温の室内から熱を、高温の室外へと汲み上げます。冷房の際、冬期の室外ほど低温にならないので、暖房時のような問題は発生しません。

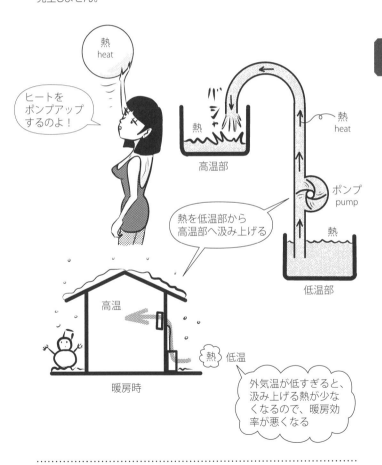

答え ▶ ○

★ **R075** ○×問題　　空気熱源ヒートポンプ　その2

Q 空気熱源ヒートポンプ方式のルームエアコンで冷房する際には、室内では冷媒を気化させ、室外では凝縮させる。

A 空気熱源ヒートポンプでは、冷媒の気化で熱を吸収し、凝縮で熱を放出することにより、熱を運び出します。冷房では室内で気化させ、室外で凝縮させ、熱を外へと出します（答えは○）。オレンジジュースを絞るイメージで、熱を圧縮で絞り出すと覚えておきましょう。

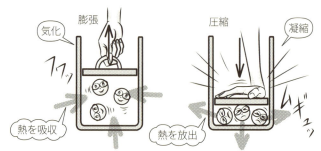

答え ▶ ○

★ / R076 / ○×問題　　空気熱源ヒートポンプ　その3

Q 空気熱源ヒートポンプ方式のルームエアコンで暖房する際には、室内では冷媒を気化させ、室外では凝縮させる。

A 空気熱源ヒートポンプは、冷媒の気化で熱を吸収し、凝縮で熱を放出することにより、熱を運び出します。暖房では寒い外の空気から気化で熱を吸収し、暖かい室内に凝縮で熱を放出します（答えは×）。熱を低いところ（低温の空気）から高いところ（高温の空気）へと汲み上げる、ヒートポンプの仕組みです。

- 水熱源ヒートポンプ給湯システムは、工場や大浴場の温かい排水、下水道処理水、井戸水などの熱を汲み上げて湯水をつくるシステムです。冬期の外気温より温度が高いので、外気を用いるよりも効率がよくなります。

答え ▶ ×

★ / R077 / ○×問題　　　　　　　　　　　　　　　COP　その1

Q 環境に配慮して、成績係数（COP）が小さい空気熱源ヒートポンプ式のルームエアコンを採用した。

A 成績係数（COP）とは冷房、暖房、冷凍の能力を表す係数であり、冷暖房能力/消費電力で表します。電力1kW当たりどれくらい冷房（暖房）できるかの値で、COPが大きい方が機械の効率がよいことになります（答えは×）。

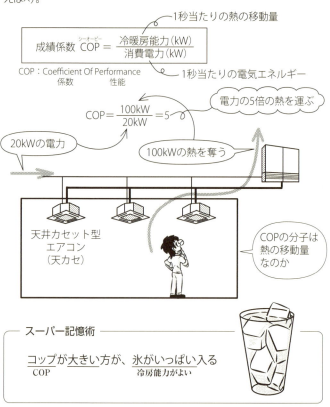

- より正確にはCOP＝定格能力/定格消費電力。定格能力とは、JIS規格に定められた条件下で連続運転した場合の最大能力で、そのときの電力が定格消費電力です。

答え ▶ ×

★ R078 ○×問題　　　COP その2

Q 暖房時の空気熱源ヒートポンプ式ルームエアコンのCOPは3、電熱ヒーターのCOPは2であった。

A ヒートポンプは、熱を運ぶことに電気を使うので、消費電力の何倍も熱を運ぶことができ、COPを3や5にすることは可能です。一方電熱ヒーターは、電気エネルギーを抵抗で熱エネルギーに変換しています。この場合の熱エネルギーは、電気エネルギーよりも大きくすることはできず、エネルギーロスもあるので、COPは0.5や0.7など1以下の数字となります（答えは×）。

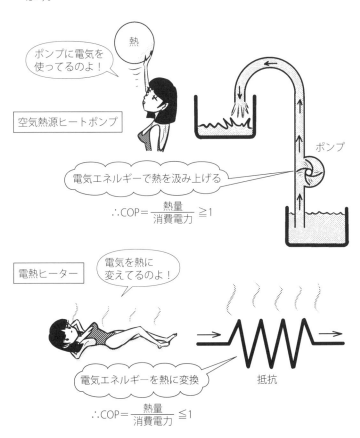

答え ▶ ×

★ R079 ○×問題　APF

Q 空調機のAPFは、想定した年間総合負荷を定格時の消費電力で除して求める。

A 定格出力とは、安全な範囲での最大出力のことで、そのときの消費電力を定格消費電力といいます。APFは通年（Annual）での能力を測る指標で、中間出力もカウントします（答えは×）。

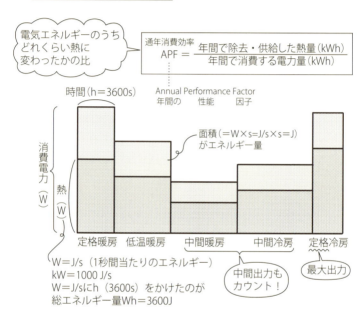

【アンパンファン！一年中 食べる】
　A　P　F　　　通年　熱量

- Point -

$$COP、APF \Rightarrow \frac{熱}{電気}$$

  { COP…定格時（最大出力時）の効率
  { APF…通年での効率

【　】内スーパー記憶術

答え ▶ ×

★ R080 ○×問題　　　　　　ガスエンジンヒートポンプ

Q ガスエンジンヒートポンプは、ヒートポンプ運転により得られる加熱量とエンジン排熱量の合計を利用できる。

A 気体を凝縮させて液体にするには、圧縮機（コンプレッサー）で圧力をかける必要があります。それを交流モーターではなく、ガスを燃焼させて回転させるガスエンジンで行うのが、ガスエンジンヒートポンプです。暖房時には、ガスの排熱も使います（答えは○）。

答え ▶ ○

★ R081 ○×問題　　　冷却塔　その1

Q 冷却塔（クーリングタワー）における冷却効果は主として、
1. 「冷却水に接触する空気の温度」と「冷却水の温度」との差によって得られる。
2. 冷却水と空気との接触による水の蒸発潜熱によって得られる。

A 冷却塔は、温水をシャワーにして落とし、そこに空気を流すことによって、一部の温水を蒸発、気化させます。水が気化する際に熱を吸収するので、温水が冷えます（1は×、2は○）。

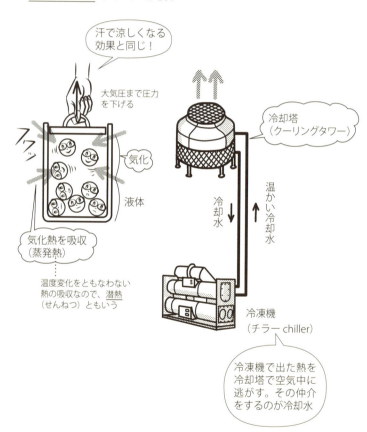

- 冷却塔は省エネルギーのために、ファンの発停制御（ON・OFF制御）やインバーターによる回転数制御などを行えるようにするとよい。

答え ▶ 1. ×　2. ○

R082 ○×問題　冷却塔 その2

Q 蒸発潜熱とは、液体が同じ温度の気体に変わるときに必要な熱のことである。

A 液体が気体になると、分子の運動が盛んになります。そのエネルギーの増える分、周囲から熱を吸収します。状態が変化するときに吸収した熱を使うので、温度変化はおきません。このような、状態変化における温度変化をともなわない熱（エネルギー）のことを、潜熱といいます。下図の空気線図で、A→Bの変化に必要な熱を、温度変化として外からわかる熱なので顕熱と呼びます。一方、B→Cの蒸発の際に必要な熱を、温度変化のない、外から見えない熱ということで潜熱と呼びます（答えは○）。

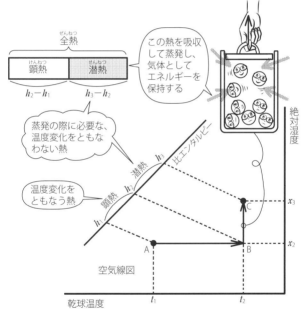

【潜水艦は上下する】
潜熱　　温度一定で上下

- エンタルピーとは内部エネルギーを表し、比エンタルピーとは乾球温度0℃、絶対温度$0kg/kg$（DA）のときのエンタルピーをゼロと仮定したときの内部エネルギー量です。比エンタルピーの差（変化量）から、エネルギー（熱）の出入りの量がわかります。

【　】内スーパー記憶術

答え ▶ ○

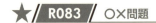

★ R083 ○×問題　　　　　　　　　　　　冷却塔　その3

Q 冷却塔において、冷却水の温度を外気湿球温度より低くすることはできない。

A 湿球温度とは下図のように、濡れたガーゼで球を包んだ温度計で測った温度です。蒸発（気化）で熱が奪われて温度が下がっていきますが、まわりの空気が飽和してそれ以上蒸発しなくなった時点で、下がらなくなります。その温度が湿球温度です。空気が乾いていたらその分蒸発量も多いので、湿球温度は下がります。冷却塔では温かい冷却水に空気を当てて蒸発させることで、水の温度を下げます。まわりの空気が飽和した時点で、すなわち湿球温度になったときに、蒸発しなくなり、水の温度も下がらなくなります（答えは○）。

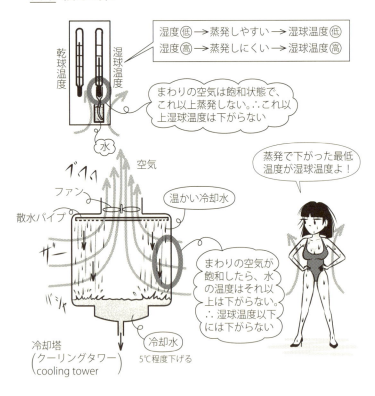

答え ▶ ○

★ R084 ○×問題　　　冷却塔　その4

Q 冷却塔フリークーリングとは、冷却塔ファンを動かすことなく、冷凍機の冷却水を冷やす省エネルギー手法である。

A ファンコイルユニット方式で冷房する際は、冷凍機の冷水を使い、冷凍機の熱は冷却塔で冷やすのが一般的です。春、秋の中間期は冷却塔のみで冷たい水をつくることができるので、冷凍機を動かさずに、直接冷却塔とファンコイルユニットをつなぐことがあります。その方法を冷却塔フリークーリングと呼びます（答えは×）。

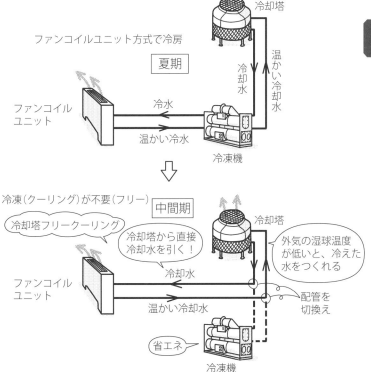

- フリークーリング（free cooling）のcoolingは、冷凍機によって冷やすことを指して、冷凍機のいらない冷房です。冷却塔・フリークーリングと、「・」を付けて覚えておきましょう。

答え ▶ ×

★ **R085** 〇×問題　　　　　　　　　　　　　　　　　　冷却塔　その5

Q 開放式冷却塔は、同じ冷却能力の密閉式冷却塔に比べて、送風機動力が大きくなる。

A 冷却塔は外気に開放する開放式と、外気から密閉する密閉式があります。開放式では温かい冷却水の一部を蒸発させて水温を下げます。一方密閉式はコイルに温かい冷却水を通し、コイル外面に散布した水を蒸発させることにより、コイル内の冷却水の水温を下げます。

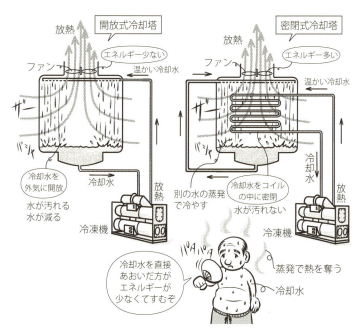

　開放式は冷却水に直接外気を当てて蒸発させて冷やすので、送風エネルギーは小さくてすみます（答えは×）。ただし冷却水がいったん外に出るので、外気汚染による冷凍機の性能低下のおそれがあります。
　一方密閉式はコイルのパイプ内に冷却水が密閉されているので水質は劣化しませんが、冷却水を直接冷やす開放式に比べて、コイルの中の冷却水を冷やすのに多くの送風エネルギーが必要となります。

答え ▶ ×

★ R086 参考知識　　　モリエル線図　その1

モリエル線図（モリエ線図）と冷凍サイクルについて、ここで説明しておきます。ドイツのR･モリエによって提案された、縦軸を圧力（pressure）、横軸を比エンタルピー（enthalpy）として冷媒の状態を表したのがモリエル線図で、p-h線図ともいいます。pはpressure（圧力）、hはheat（熱）、またはheat content（熱含量）です。

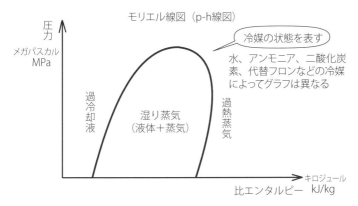

エンタルピーとは、外部に対してどれくらい仕事ができるかのエネルギー量です。含熱量と訳されていたときもありました。エネルギー／質量としたkJ/kgなどの単位を使います。たとえば100 kJ/kgは、1kg当たり100kJのエネルギーを蓄えていることになります。この場合のエネルギー H は、熱エネルギー U のほかに、圧力×体積変化 $P\varDelta V$ もあります。エンタルピーは、温度、圧力、体積と同様に、物質の状態を示す状態量です。エンタルピーが大きいと、ほかに仕事をする能力が大きいことになります。

エンタルピー ＝ 熱エネルギー ＋ 膨張・収縮のためのエネルギー
　　H　　　　　　U　　　　　　　　　　$P\varDelta V$

比エンタルピーと「比」が付くのは、1kg当たりのエンタルピーを指すためです。また空気線図では0℃、湿度0%を0kJ/kgとして、その値を基準とした、その値に比べたエンタルピーという意味ももちます。たとえば、10℃から5℃に無収縮で変化した場合、それぞれの比エンタルピーの差を計算すれば、失われた熱量が出てきます。60kJ/kgから40kJ/kgに無収縮で変化したら、20kJ/kgのエネルギー（熱量）が失われたとわかります。

R087 参考知識 モリエル線図 その2

エンタルピーはエネルギー量ですが、似たような用語でエントロピーは「乱雑さ」を示す指標です。両者とも熱力学で扱うので、ややこしいです。

― スーパー記憶術 ―

樽の中にエネルギーを入れておく
エンタルピー
enthalpy

(部屋が)
トロいと乱雑になる
エントロピー
entropy

モリエル線図で、下図の飽和液線と飽和蒸気線に囲まれたエリアにおいて、液体⇄蒸気の状態の変化が行われます。飽和液線は、冷却しないとそれ以上液体にならない点、飽和蒸気線は、加熱しないとそれ以上蒸気にならない点です。

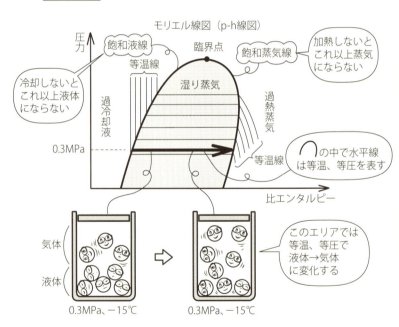

R088 参考知識　モリエル線図　その3

下図で−15℃の湿り蒸気の比エンタルピーが増大し、蒸発（気化）が進むと、飽和蒸気線の位置で蒸気が飽和し、それ以上−15℃では蒸発しなくなります。さらに蒸発すると、温度が−10℃、−5℃と過熱状態となります。

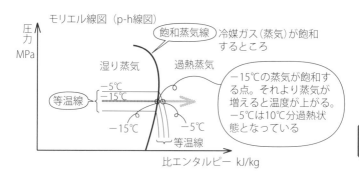

機械などで冷媒ガス（蒸気）を熱を逃がさずに（断熱して）圧縮する場合、等エントロピーで状態変化します。

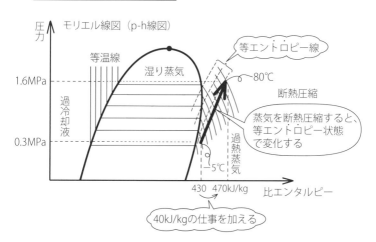

- 断熱して圧縮すると、圧縮力×体積変化のエネルギー分、内部に熱が蓄えられ、エンタルピーは増大します。

★ **R088** 参考知識（つづき）

　断熱圧縮されて高温、高圧になった冷媒ガスは、液体へと状態変化します。気体（蒸気）から液体への変化は凝縮といい、下の例では凝縮温度は42℃です。42℃という一定の温度で一定の圧力の下、蒸気が液体に状態変化するわけです。
　気体（蒸気）のときは分子運動が盛んでしたが、液体になると運動は静かになります。その分子運動のエネルギーの差が外へ熱として放出され、42℃から37℃まで温度が下がります。下の例では高温高圧ガス（蒸気）の470kJ/kgから液体の260kJ/kgにエネルギー（比エンタルピー）が移り、その差210kJ/kgの熱が外へと放出されます。

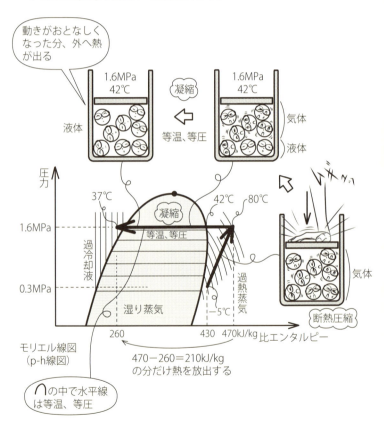

96

凝縮して液体となった冷媒は、膨張弁を通して蒸発器に入ります。膨張させられて、圧力と温度が下がります。下の例では**0.3MPa、-15℃**まで下がると、蒸発温度になります。低圧力下では低い温度で蒸発し、高圧力下では高い温度で凝縮します。液体から気体（蒸気）へと蒸発がはじまると、分子運動のかたちで熱を吸収し、エンタルピーは増大し、グラフの位置は右へと動きます。

蒸発→圧縮→凝縮→膨張を繰り返すのが冷凍サイクルです。圧縮のときに外から仕事が加えられます。その仕事量の何倍の熱を吸収するか、外から奪えるかが冷凍機の能力（COP）です。

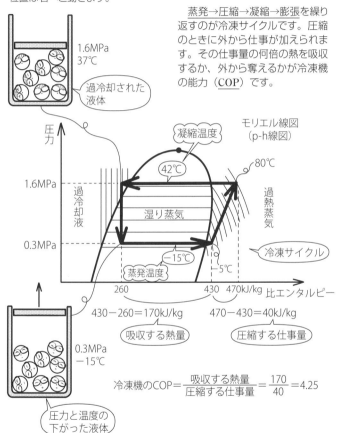

$$冷凍機のCOP = \frac{吸収する熱量}{圧縮する仕事量} = \frac{170}{40} = 4.25$$

- 上記COPの式では、圧縮する仕事量＝消費電力としています。実際は消費電力の100%が仕事量になるわけではなく、ロスが出ます。

★ / R089 / まとめ モリエル線図　その4

蒸発→圧縮→液化→膨張の冷凍サイクルを、ここで覚えておきましょう。

― スーパー記憶術 ―

下のモリエル線図で、冷凍サイクルの台形の上辺を下げると（①）、圧縮する仕事量Wが小さくなって、COP＝吸収する熱量H/Wは向上します。下辺を上げると（②）、Hが大きく、Wは小さくなり、COP＝H/Wは向上します。台形が平べったく、横長になるとCOPは大きくなって効率がよくなると覚えておきましょう。

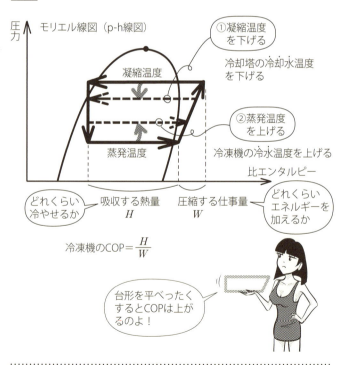

★ R090 まとめ モリエル線図 その5

　ヒートポンプによる冷房、暖房も、冷凍サイクルを使っています。冷媒が蒸発（気化）するところで熱を吸収し、凝縮（液化）するところで熱を放出します。凝縮して熱を放出することは、オレンジジュースを絞り出すイメージで覚えましょう。オレンジは分子、ジュースは熱に相当します。

R090　まとめ（つづき）　　　モリエル線図　その5

　ヒートポンプの冷凍サイクルにおいて、外から加える仕事のエネルギー W は、冷媒ガス（蒸気）を圧縮するために回す圧縮機（コンプレッサー）の動力です。そのエネルギー W によって吸収する熱 $H_冷$、または放出する熱 $H_暖$ を運ぶことになります。よって冷房の効率（COP）は $H_冷/W$ となり、暖房の効率（COP）は $H_暖/W$ となります。W の何倍 H があるかを計算しているわけです。

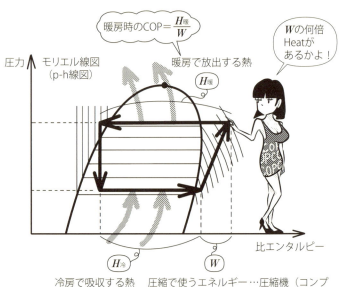

★ R091 ○×問題　　　冷凍機　その1

Q 冷凍機は、冷媒が気化するときに熱を吸収し、吸収した熱は冷媒が凝縮するときに放出する仕組みである。

A 下図のように、①蒸発（熱の吸収）、②圧縮、③凝縮（熱の放出）、④膨張を繰り返すのが冷凍機の仕組みです。そのサイクルは冷凍サイクルと呼ばれますが、ヒートポンプの冷媒のサイクルと同じです（答えは○）。取り出された熱は、冷却塔（クーリングタワー）などで、外気へと放出されます。

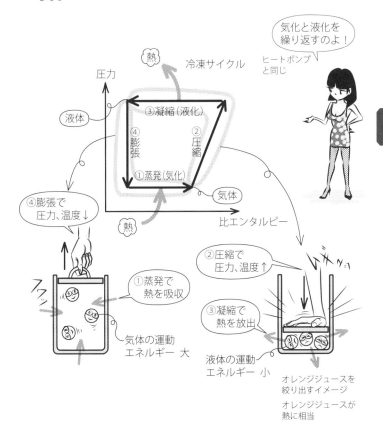

答え ▶ ○

★ / R092 / ○×問題　　　　　　　　　　　　　　　冷凍機　その2

Q 冷凍機には、機械による圧縮の仕方によって、レシプロ冷凍機、遠心冷凍機などがある。

A 冷凍サイクルの圧縮を機械で行う場合、ピストンの往復運動で圧縮するのがレシプロ冷凍機（往復動冷凍機）、羽根車の回転運動で圧縮するのが遠心冷凍機（ターボ冷凍機）です。ほかにスクリューを使うスクリュー冷凍機、二重の渦巻を使うスクロール冷凍機などもあります（答えは○）。

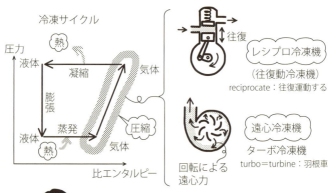

ほかにスクリュー冷凍機、スクロール冷凍機などがある

答え ▶ ○

R093 ○×問題　冷凍機　その3

Q 1. 冷凍機の冷水出口温度を高く設定すると、COP（成績係数）は低くなる。
2. 冷凍機の冷却水入口温度を低くすると、COP（成績係数）は高くなる。

A 冷水は冷凍機が冷やした空調機に送られる水で、冷却水は冷凍機の熱を逃がすために冷却塔に送られる水です。冷水、冷却水はまぎらわしいので、はっきりと区別して覚えておきましょう。冷水温度を高くすると冷凍サイクルの下辺（蒸発、吸熱）が上がって、圧縮の仕事Wは小さく、吸熱量Hは大きくなって、COP＝H/Wは高く（効率がよく）なります（1は×）。

冷却水温度を低くすると冷凍サイクルの上辺（凝縮、放熱）が下がり、Wが小さくなってCOP＝H/Wは高く（効率がよく）なります（2は○）。冷凍サイクルの台形は、薄いほどCOPが大きく（効率がよく）なります。

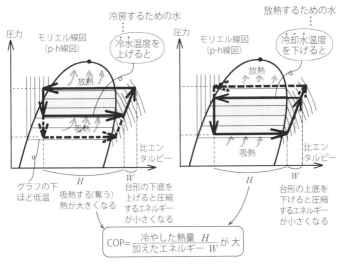

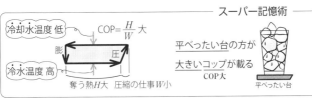

答え ▶ 1. ×　2. ○

★ / R094 / ○×問題　　　　　　　　　　　　　　冷凍機　その4

Q 空調熱源用の冷却塔の設計出口温度は、冷凍機の冷却水入口温度の許容範囲内の高い温度で運転した方が、省エネルギー上有効である。

A 冷却塔の冷却水は、放熱側に関係します。冷却塔の出口温度を高くすると、冷媒の凝縮温度も高くなり、背の高い台形となります。圧縮するエネルギー量 W は大きくなりますが、吸熱量 H は変わりません。よって $COP = H/W$ は小さくなり、省エネルギー上有効ではありません。（答えは×）。冷凍機の機能に支障のない範囲で、冷却塔の設計出口温度は低く設定します。

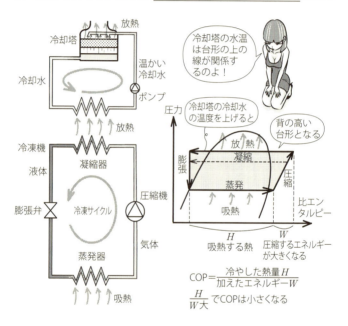

【 平べったい台の方が大きい コップ が載る 】
　　　　　　　　　　　　　　　　　COP

【 】内スーパー記憶術

答え ▶ ×

★ R095 ○×問題　　　　　　　　　　　　　　　冷媒 その1

Q 冷凍機の冷媒に使用される代替フロン（HFCやPFC）は、オゾン層破壊防止には効果があるが、地球温暖化係数は二酸化炭素より大きい。

A 以前は冷媒に使われていたフロンはオゾン層を破壊するため、現在では使用が抑制されています。代替フロン（HFCやPFC）はオゾン層を破壊しない反面、二酸化炭素以上に温室効果があります（答えは○）。地球温暖化係数とは、二酸化炭素を1とした場合の、単位濃度当たりの温室効果の指標で、値が大きいほど温室効果が高くなります。

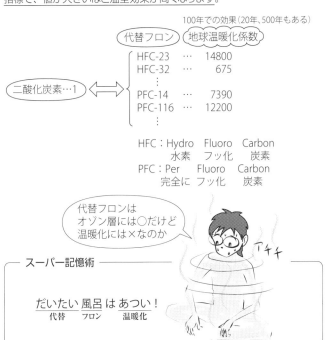

- 代替フロンHFCやPFCは1997年に採択された京都議定書で、温室効果ガスとして排出の段階的削減が求められています。

答え ▶ ○

R096 ○×問題　冷媒　その2

Q 冷凍機の冷媒のノンフロン化にともない、自然冷媒である二酸化炭素、アンモニア、水が冷媒として用いられることがある。

A 液体と気体の状態変化、冷凍サイクルが安定していれば、熱を運ぶ冷媒として使えます。フロンを使わない場合、代替フロン以外に、二酸化炭素、アンモニア、水などの自然冷媒も使われます（答えは○）。

答え ▶ ○

R097 ○×問題　吸収冷凍機　その1

Q 吸収冷凍機において、低圧の容器で水を蒸発させる際、蒸気圧が高くなって蒸発が妨げられないように、吸収液で蒸気を吸収する。

A 水は低圧にすると、蒸発しやすくなります。1/10気圧では46℃で、1/100気圧では6.5℃で蒸発します。

$$1気圧 ≒ 1013hPa\ (ヘクトパスカル)$$
$$≒ 100kPa\ (キロパスカル)$$
$$∴ 1/100気圧 ≒ 1kPa$$

(h(ヘクト)：100倍)

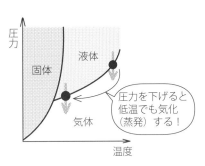

吸収冷凍機では、1kPa程度の低圧容器で水を蒸発させます（下図①）。蒸発が続くと、蒸気圧も加わって気圧が高くなり、蒸発が止まってしまいます。そこで吸収液で水蒸気を吸収し、低圧を維持します（下図②、答えは○）。

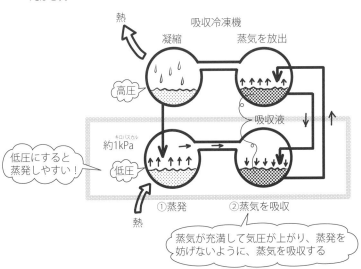

答え ▶ ○

★ R098 ○×問題　　　吸収冷凍機　その2

Q 吸収冷凍機は、冷媒として臭化リチウム水溶液を使用する。

A 臭化リチウムは吸湿性に優れ、吸収液として使われます。吸収冷凍機では蒸気を吸収して低圧容器の低圧を保ち（下図①）、高圧容器に蒸気を運んで放出する役目を担います（下図②）。冷媒とは熱エネルギーを運ぶ物質のことで、吸収冷凍機内、空調機と吸収冷凍機との間で熱を運ぶのは水です（答えは×）。

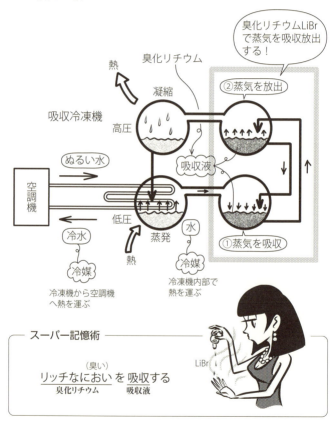

答え ▶ ×

R099 ○×問題　　　吸収冷凍機　その3

Q 吸収冷凍機において、臭化リチウム水溶液に吸収させた水蒸気を高圧容器にて放出するために、直だきかボイラーからの熱で加熱する。

A 臭化リチウム水溶液に吸収させた蒸気は、高圧容器で放出する必要があります。ガスなどで直にたく直だきのほかに、ボイラーからの熱を使うこともあります（答えは○）。

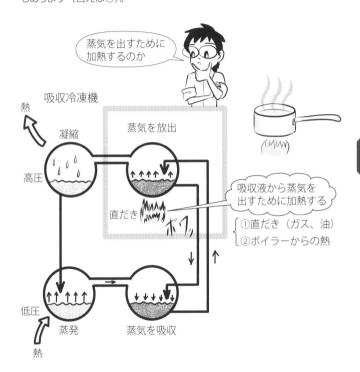

答え ▶ ○

★ / R100 / ○×問題　　　吸収冷凍機　その4

Q 吸収冷凍機は、同じ能力の圧縮冷凍機に比べて冷却水量を少なくできるので、冷却塔を小型化することができる。

A 吸収冷凍機では、高圧容器で加熱されて放出された蒸気（①）は、冷却水のコイルによって冷やされて凝縮し（②）、水に戻ります。水に戻る凝縮の際に熱を出し、冷却水を温水に変えて、熱エネルギーを冷却塔へ移します（③）。冷却塔から送られる冷却水は、①から②の変化の蒸気を水に変える凝縮ばかりでなく、①の直だきの熱も冷やす必要があります。<u>よって圧縮冷凍機に比べて冷却水が多く必要となり、冷却塔の容量も大きくしなければなりません</u>（答えは×）。

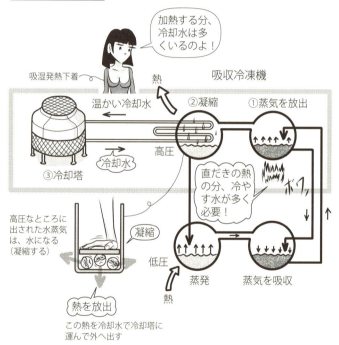

答え ▶ ×

R101 ○×問題　　　　吸収冷凍機　その5

Q 直だき式吸収冷凍機は、夏期、冬期ともに燃料を燃焼させ、冷水または温水を1台でつくることができる。

A 直だき式吸収冷凍機では、ガスや油を燃焼させて、吸収液から蒸気を取り出します。そのバーナーの熱を使えば、温水をつくることも可能です（答えは○）。1台で冷凍機とボイラーの役を担うことができます。

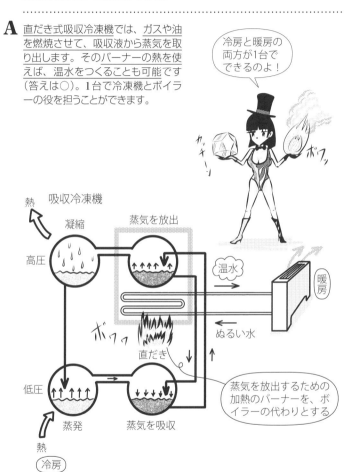

答え ▶ ○

R102 ○×問題　氷蓄熱式空調システムの冷凍機

Q 氷蓄熱式空調システムを採用する場合は、水蓄熱式に比べて、冷凍機の成績係数（COP）の値を高く維持することができる。

A 冷水（塩水などの不凍液）の温度は、氷蓄熱式の場合は−4℃程度まで冷やさねばなりません。蒸発の温度を下げる場合、圧力も下げねばならず、COPは低下します（答えは×）。

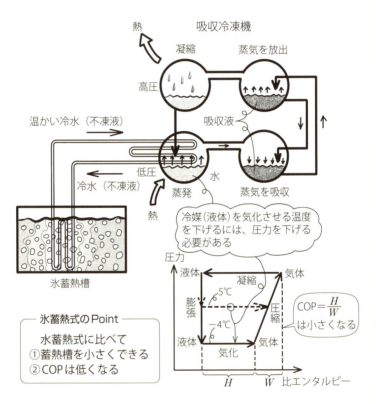

吸収冷凍機では、Wは機械の圧縮ではなく、吸収液による吸収と、低圧容器から高圧容器への移動によって与えられます

答え ▶ ×

★ R103 ○×問題　　　ヒートポンプチリングユニット

Q 空気熱源ヒートポンプチリングユニットを複数台連結するモジュール型は、負荷変動に対応して運転台数が変わるので、効率的な運転が可能である。

A 空気熱源ヒートポンプチリングユニット（チラーユニット）は、空気の熱をヒートポンプで出し入れして冷温水をつくる装置です。モジュール型とは、チリングユニットの基準単位を並列に並べて、負荷によって稼働と停止を選ぶ方式のこと。大型のチリングユニット1台を出力調整で運転するよりも、稼働台数で調整できるので、省エネルギーとなります（答えは○）。

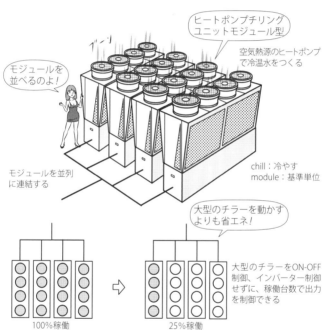

答え ▶ ○

★ / R104 / ○×問題　　　　　　　　　　　　　　　　蒸気暖房　その1

Q 蒸気暖房では、熱を運ぶ蒸気の温度が高いため、コンベクターなどの放熱器が小さくてすむ。

A ボイラーでつくった蒸気をコンベクター（対流させる機器、R030参照）に送り、そこで蒸気から水に凝縮させて、熱を放出させるのが蒸気暖房です。高温の蒸気を使う分、放熱器が小さくできます（答えは○）。設備費が安い反面、温度調節がしにくく、音も発生するので、学校や工場などで使われます。

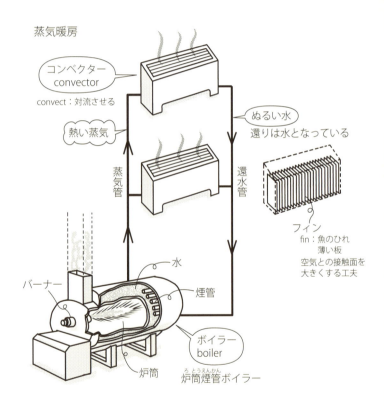

蒸気暖房

答え ▶ ○

★ R105 ○×問題　　　　　　　　　　蒸気暖房 その2

Q 蒸気暖房において、放熱器（コンベクター、ラジエーター）からのドレインを通し、蒸気を通さない蒸気トラップを付ける必要がある。

A 蒸気暖房では、放熱器で蒸気は水に変わって、熱を放出します。その水を<u>ドレイン（drain）</u>と呼びます。ドレインが放熱器にたまると、水がたまった部分は放熱しないので、放熱する面が少なくなってしまいます。ドレインだけすみやかに出し、熱い蒸気を出さないようにするのが、<u>蒸気トラップ（スチームトラップ）</u>の役割です。球のフロートを使うもの、下向きのおわん（バケット）を使うものなどがあります（答えは○）。

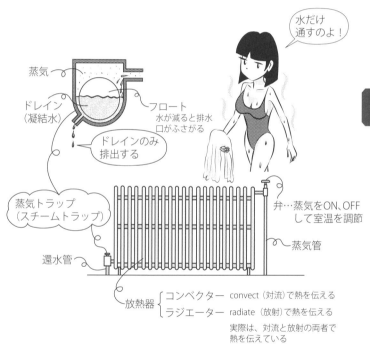

- トラップ（trap）とは罠（わな）が原義で、排水トラップは排水をS字管などにためて、臭気が室内へと流れないようにする仕組みです。

答え ▶ ○

★ R106 ○×問題　　　蒸気暖房　その3

Q 蒸気暖房において、月曜日の仕事はじめなどに蒸気管に蒸気を通した際、スチームハンマーが発生しやすい。

A 蒸気管内に残された水（ドレイン）が蒸気に押され、管の曲がり角などにぶつかって音を立てる現象を、<u>スチームハンマー（ぶつかるのは水なのでウォーターハンマーともいう）</u>と呼びます（答えは○）。水に囲まれた蒸気が冷やされて一気に水になるとき、まわりの水が押し寄せてぶつかる際にも、大きな音がします。スチームハンマーの衝撃によって、継手や支持具などが壊れることもあります。

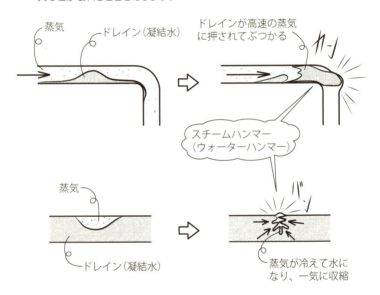

- 蒸気給気管内は蒸気と凝結水が同じ方向に進むように、原則として <u>1/250 の先下り配管</u>とします。
- 筆者は大学時代、東京大学工学部1号館（1935年、内田祥三設計）にある製図室で、よく泊り込んでいました。朝、暖房の蒸気が入れられたときに、カン、カン！といったスチームハンマーの音が聞こえたことを、よく覚えています。

答え ▶ ○

★ R107 ○×問題　　　膨張タンク

Q 温水で暖房する場合、水が膨張する水圧を逃がすため、膨張タンクを設ける。

A 70～90℃程度の温水を回す場合、水が膨張して水圧が高まり、管を壊すおそれがあります。そこで給湯管最上部よりも5～6m上に水槽を設け、水圧を逃がす仕組みをつくります。膨張タンク、膨張水槽、開放式水逃し装置（大気に開放の意味）などと呼ばれます（答えは○）。

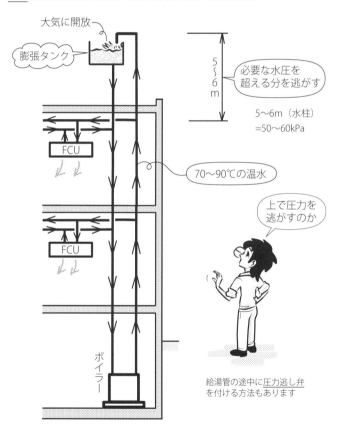

FCU：ファンコイルユニット

答え ▶ ○

★ R108 ○×問題

Q ダクトの表面を押す圧力を静圧、風の速度によって生じる圧力を動圧（速度圧）、その両者を合わせた風方向の圧力を全圧という。

A ①空気をダクトに入れることを考えます。

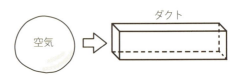

②空気を押しつぶさないと、ダクトに入りません。

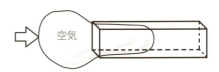

③ダクトが空気を押しつぶそうとする圧力、逆に空気がダクトの壁を押す圧力が静圧です。

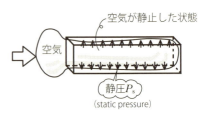

空気が静止した状態

静圧P_s
(static pressure)

④ダクトを細く長くすると、空気をさらに押しつぶさないと入らなくなり、静圧は大きくなります。

細長いダクト

静圧P_s 大

― Point ―

壁を押す圧力が静圧か

静圧＝空気がダクトを押す圧力
（ダクトが空気を押す圧力）

静圧、動圧、全圧

⑤次に動く空気のエネルギーとそれがする仕事、その圧力について考えます。面積が$1m^2$の面に、風速$v(m/s)$の空気が1秒間に当たる体積は、$v(m) \times 1(m^2) = v(m^3)$です。　　　　　　　v：velocity（速さ）

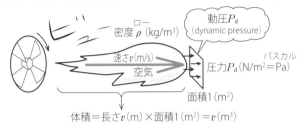

⑥$v(m^3)$の空気の質量は、密度ρ(ロー)をかけて$\rho v(kg)$となります。

$$質量 = 密度 \times 体積 = \rho(kg/m^3) \times v(m^3) = \rho v(kg)$$

$\rho \fallingdotseq 1.2\ (kg/m^3)$：空気の密度

⑦$v(m^3)$の空気の運動エネルギーが、圧力P_dのする仕事と等しいとしてP_dを求めると、$\underline{P_d = \dfrac{1}{2}\rho v^2}$となります。

$$\left. \begin{aligned} 運動エネルギー &= \frac{1}{2} \times 質量 \times 速さ^2 \\ &= \frac{1}{2}(\rho v)v^2 = \frac{1}{2}\rho v^3 \\ 圧力P_d のする仕事 &= P_d \times 体積変化 \\ &= P_d \times v \end{aligned} \right\} \cdots 圧力P_dのする仕事 = 運動エネルギー$$

$$P_d v = \frac{1}{2}\rho v^3$$
$$\therefore P_d = \frac{1}{2}\rho v^2$$

⑧<u>ダクトに垂直な面にかかる全圧P_t（t：total）は、静圧P_s（s：static）と動圧P_d（d：dynamic）を足した値となります</u>（答えは○）。

- Point

  全圧＝静圧＋動圧
  $P_t = P_s + P_d$

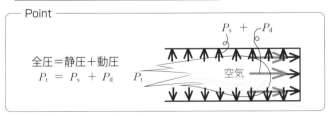

答え ▶ ○

R109 ○×問題　　　　　　　　　　**軸流送風機と遠心送風機**

Q 送風機（ファン）には大別すると、回転軸の方向に風を送る軸流送風機と、回転軸と直交方向、外側へと送風する遠心送風機がある。

A 送風機は下図のように、プロペラで軸方向に風を流す軸流送風機と、中心から外へと流す遠心送風機があります（答えは○）。遠心送風機の中でも、羽根の湾曲のさせ方によって、ターボファン、シロッコファンなどに分類されます。

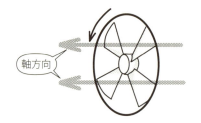

軸流送風機

回転軸方向に風を流す

プロペラファン

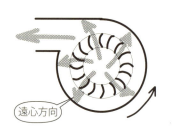

遠心送風機

遠心方向へ風を流す

ターボファン　　シロッコファン

これは遠心送風機

答え ▶ ○

★ R110 ○×問題　　　送風機と静圧

Q 軸流送風機は、遠心送風機に比べて静圧の高い用途に用いられる。

A プロペラファンなどの軸流送風機は、ダクトなどの抵抗（静圧）があると、極端に風量が減少します。静圧が低く、屋外に面する換気扇や冷却塔に用いられます（答えは×）。

ターボファンなどの遠心送風機は、高い静圧と大風量をつくれるため、ダクトを用いた空調に使われます。

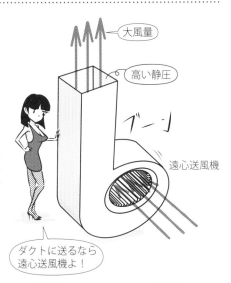

遠心送風機
ターボファン

風量 Q　～5000m³/min
静圧 P_s　～6000Pa（パスカル）

軸流送風機
プロペラファン

風量 Q　～500m³/min
静圧 P_s　～400Pa

Q：Quantity（量）　P：Pressure　min：minute（分）

スーパー記憶術

遠 心 で 遠 く へ
遠心送風機　$Q \cdot P_s$ 大

答え ▶ ×

★ **R111** ○×問題　　　　静圧-風量特性曲線（P-Q曲線）

Q 静圧-風量特性曲線は送風機の特性を表す曲線で、最大風量のときは静圧は0、最大静圧のときは風量は0である。

A 行き止まりのダクトを考えると、風量 $Q=0$ のとき、静圧 P_s は最大となります。逆にダクトが無くオープンな場合は、Q は最大、$P_s=0$ となります。ダクトの径や長さによって P_s は変わり、それによって Q も変わります。その P_s と Q の関係を示したのが静圧-風量特性曲線（P-Q曲線）で、送風機の特性を表すグラフです（答えは○）。

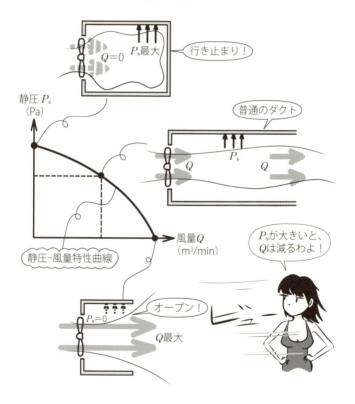

P：Pressure　s：static　Q：Quantity　min：minute（分）
Pa（パスカル）＝N/m² （ニュートンパー平方メートル）

答え ▶ ○

R112 ○×問題　ダクトのアスペクト比

Q 長方形ダクトの直管部（直線の管の部分）において、同じ風量、同じ断面積であれば、形状が正方形になるほど、単位長さ当たりの圧力損失は小さくなる。

A ダクトの長辺と短辺の比はアスペクト比といい、1だと正方形です。円形＞正方形＞長方形の順に、空気は流れやすく、平べったいほど流れにくくなります。流れにくいということは、空気の圧力が損なわれるということです。メートル当たり何パスカル損なわれるかは圧力損失、または抵抗と呼ばれます（答えは○）。アスペクト比は4以下が望ましいとされています。

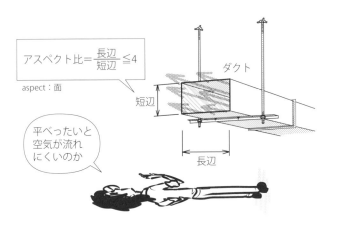

アスペクト比は小さいほど、送風機のエネルギーは小さくなります。

【アスペスト（石綿）は少ないほどよい】
　アスペクト比　　　　　　小さいほどよい

【　】内スーパー記憶術

答え ▶ ○

★ / **R113** / 〇×問題　　　　　　　　　　　圧力損失　その1

Q 空調や換気ダクトにおいて、直管部の単位長さ当たりの圧力損失は、風速の2乗に比例する。

A 円形ダクトに空気を流すと、管による摩擦抵抗があるので、ΔP_t分、全圧P_tから下がります。その下がった圧力ΔP_tを圧力損失、摩擦損失、抵抗などと呼びます。ΔP_tは風速の2乗v^2に比例します（答えは〇）。矩形ダクトのΔP_tは、円形ダクトの式から換算して求めることができます。

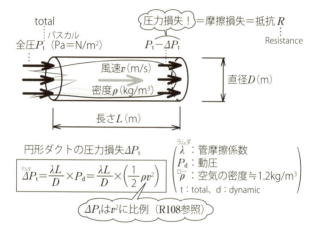

円形ダクトの圧力損失 ΔP_t

$$\Delta P_t = \frac{\lambda L}{D} \times P_d = \frac{\lambda L}{D} \times \left(\frac{1}{2}\rho v^2\right)$$

- λ：管摩擦係数
- P_d：動圧
- ρ：空気の密度≒1.2kg/m³
- t：total、d：dynamic

ΔP_tはv^2に比例（R108参照）

1秒当たりに流れる空気の体積は、断面積$A(\mathrm{m}^2)$と風速$v(\mathrm{m/s})$の積$A \times v$です。

1分当たりの風量$Q(\mathrm{m}^3/\mathrm{min})$は1秒（second）当たりにすると$\frac{1}{60}Q(\mathrm{m}^3/\mathrm{s})$となるので、$Av = \frac{1}{60}Q$となります。そこから$v = \frac{Q}{60A}$と表され、$\Delta P_t$が$v^2$に比例することから、$Q^2$にも比例することになります。

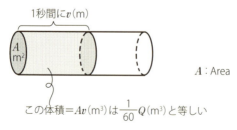

A：Area

この体積＝$Av(\mathrm{m}^3)$は$\frac{1}{60}Q(\mathrm{m}^3)$と等しい

- Δ（デルタ）は変化量を意味します。ΔP_tはP_tの変化量です。

答え ▶ 〇

★ R114 ○×問題　圧力損失　その2

Q 円形ダクトにおいて、ダクトサイズを大きくし、風速を30%下げて同じ風量を送風すると、圧力損失が約1/2となる。

A

$$動圧 P_d = \frac{1}{2}\rho v^2 \quad (R108参照)$$

$\rho ≒ 1.2 (kg/m^3)$：空気の密度
v：風速(m/s)

のように、風圧力は v^2 に比例し、

$$圧力損失 \Delta P_t = C \times P_d = C \times \left(\frac{1}{2}\rho v^2\right)$$

C：損失係数

のように管の摩擦による圧力損失も v^2 に比例します。ここで C は損失係数で、ダクトの形で決まる1前後の定数です。円形直管のときは、C の代わりに $\lambda L/D$ を使います。時間の単位を秒（second）に統一すると、

1分当たりの風量 $Q (m^3/min)$ から1秒当たりの風量 $= \frac{1}{60}Q (m^3/s)$

この風量が断面積 $A(m^2) \times v(m/s)$ と等しくなるので、

$$Av = \frac{1}{60}Q \quad \therefore v = \frac{Q}{60A}$$

よって P_d、ΔP_t は Q^2 にも比例します。

P_d, ΔP_t は v^2、Q^2 に比例する

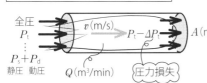

設問で v が30%減なので $0.7v$ となり、$(0.7v)^2 = 0.49v^2$ に ΔP_t は比例します。よって圧力損失は約1/2となります（答えは○）。

―― スーパー記憶術 ――

（周囲を）
圧 する ような **美 人**！
圧力　　= □× v の自乗（2乗）
圧力損失 = □× v の自乗（2乗）

答え ▶ ○

R115 ○×問題 — 圧力損失 その3

Q ダクトによる圧力損失は、ダクト各部の圧力損失の合計で求めることができる。

A ダクトの摩擦による圧力損失（抵抗）は、直線か曲がりか、出入口か、断面形状が円か矩形か、羽根が付いているか否かで変わります。動圧 $P_d = 1/2\rho v^2$（R108参照）にかける損失係数 C の値が、ダクトの形状によって異なります。<u>それぞれの圧力損失を出してから足し算して、全体の圧力損失を出します。直列の抵抗の足し算です</u>（答えは○）。

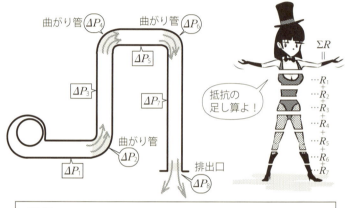

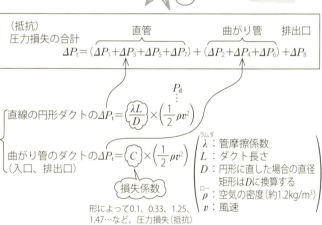

（抵抗）圧力損失の合計
$$\Delta P_t = (\Delta P_1 + \Delta P_3 + \Delta P_5 + \Delta P_7) + (\Delta P_2 + \Delta P_4 + \Delta P_6) + \Delta P_8$$
（直管）　　　　　　　　　　（曲がり管）　　　　（排出口）

直線の円形ダクトの $\Delta P_t = \left(\dfrac{\lambda L}{D}\right) \times \left(\dfrac{1}{2}\rho v^2\right)$

曲がり管のダクトの $\Delta P_t = \left(C\right) \times \left(\dfrac{1}{2}\rho v^2\right)$
（入口、排出口）

損失係数：形によって0.1、0.33、1.25、1.47…など、圧力損失（抵抗）が大きいほど大きな値となる

- λ：管摩擦係数
- L：ダクト長さ
- D：円形に直した場合の直径 矩形は D に換算する
- ρ：空気の密度（約1.2kg/m³）
- v：風速

答え ▶ ○

★ R116 ○×問題　　　　　圧力損失　その4

Q 風量 Q (m³/min)と円形ダクトの直径 D (m)がわかれば、100m当たりの圧力損失 ΔP_t (Pa/100m)は圧力損失線図から求められる。

A ダクトの各部の圧力損失（摩擦による抵抗）を求めて、それをダクト全体にわたって足し算すれば、ダクト全体の圧力損失は求められます。ほかに、下図のような図表を使う方法があります。矩形ダクトの圧力損失（抵抗）を同じ断面積の円形ダクトに置き換えると、直径 D (m)はいくらになるかをまず計算します。全体の風量 Q (m³/min)または風速 v (m/s)がわかれば、圧力損失線図から100m当たりの圧力損失 ΔP_t (Pa/100m)が求められます（答えは○）。

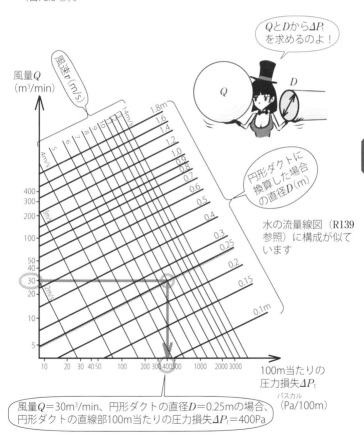

答え ▶ ○

★ **R117** ○×問題 圧力損失 その5

Q ダクトの長さを計算する際に、曲がりの抵抗を考慮した直管に相当する長さを求め、直管相当長における圧力損失曲線と静圧-風量特性曲線の交点から、風量 Q を求めることができる。

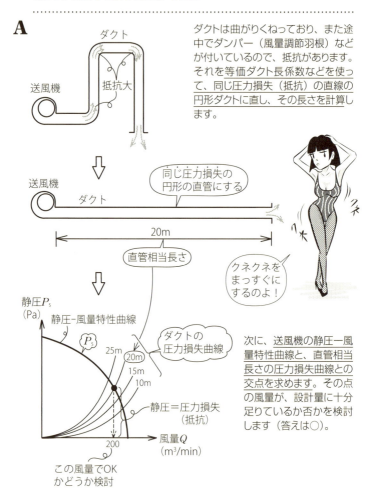

A ダクトは曲がりくねっており、また途中でダンパー(風量調節羽根)などが付いているので、抵抗があります。それを等価ダクト長係数などを使って、同じ圧力損失(抵抗)の直線の円形ダクトに直し、その長さを計算します。

次に、送風機の静圧-風量特性曲線と、直管相当長さの圧力損失曲線との交点を求めます。その点の風量が、設計量に十分足りているか否かを検討します(答えは○)。

答え ▶ ○

R118 まとめ 圧力損失 その6

風量Qから圧力損失ΔP_tを求める方法を、まとめておきます。各部の圧力損失を計算して足し算するのが基本ですが、グラフによる簡略法もあります。得られたΔP_tに余裕分α（10〜20%）を加えてP_sとし、送風機を選定します。

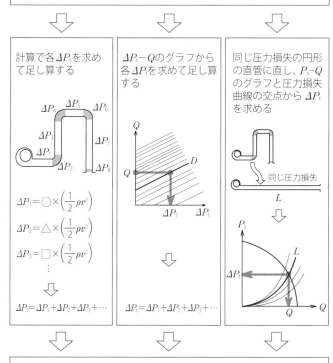

★ R119 ○×問題　　送風機の特性曲線

Q 送風機の特性曲線には、全圧 P_t、静圧 P_s、効率 η（イータ）、軸動力 W、ダクトの抵抗（圧力損失）R のグラフなどが書き込まれている。

A 送風機の特性曲線は、実験で求められたデータからグラフ化された、風量 Q に対する P_t、P_s、η、W、R などの曲線です（答えは○）。ダクトの抵抗（圧力損失）R は Q の2乗に比例するので、放物線のグラフとなっています。ポンプの特性曲線も、似たようなグラフです。空気を送るか水を送るかの違いです。

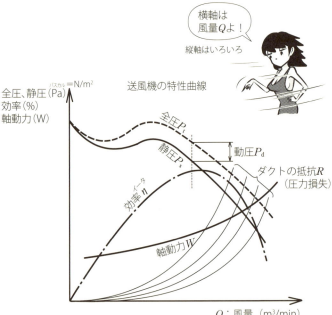

答え ▶ ○

★ R120 ○×問題　送風機の回転数と軸動力

Q ダクトを変更せずに、それに接続されている送風機の羽根車の回転数を2倍にすると、送風機の軸動力も2倍になる。

A 軸動力とは回転のエネルギーのことで、単位はW（ワット）、kW（キロワット）を使います。送風機の回転数N、風量Q、全圧P_t、軸動力Wの間には、QはNに比例、P_tはN^2に比例、WはN^3に比例という関係があります。送風機の比例法則といいます。Nを2倍すると、Wは$2^3=8$倍となります（答えは×）。

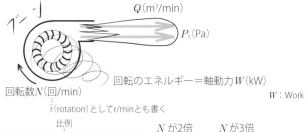

	Nが2倍	Nが3倍
風量 … $Q \propto N$ …回転数	Qは2倍	Qは3倍
全圧 … $P_t \propto N^2$	P_tは4倍	P_tは9倍
軸動力… $W \propto N^3$	Wは8倍	Wは27倍

Wは仕事、エネルギーの記号、W（ワット）は仕事率、エネルギー効率の単位です。

― スーパー記憶術 ―

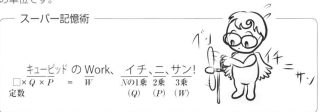

キューピッド の Work、　イチ、二、サン！
□ × Q × P ＝ W　　Nの1乗　2乗　3乗
定数　　　　　　　　　　　　　(Q)　(P)　(W)

流速vは、回転数Nに比例します。
よって $Q:P:W=N:N^2:N^3=v:v^2:v^3$ となります。

【圧するような美人！】（R114参照）
圧力P ＝ □ × v 自乗

【　】内スーパー記憶術

答え ▶ ×

★ R121 ○×問題

Q 送風機の効率 η(イータ)は、軸動力の何％が風の仕事エネルギーになったかを示すもので、静圧効率、全圧効率がある。

A 送風機の効率 η は（風の仕事エネルギー）／（軸動力）で計算され、回転のエネルギーがどれくらい風圧力のエネルギーに転換されたかを示します。$\eta=60\%$ ならば、軸動力の 60% が風圧力のエネルギーになっていることを表しています。そして風圧の種別によって、静圧の効率と全圧の効率があります（答えは○）。

--- Point ---
$$送風機の効率\ \eta = \frac{風の仕事エネルギー}{軸動力}\quad \left(\frac{風圧力のエネルギー}{回転のエネルギー}\right)(\%)$$

軸動力のどれくらいが風のエネルギーになるかの割合

仕事はエネルギーとほぼ同義で、力×距離で求められます。$F(\text{N})$ の力で $x(\text{m})$ 動かすと、$F\times x(\text{N}\cdot\text{m}=\text{J})$ の仕事をしたことになり、$F\times x(\text{J})$ のエネルギーを使ったことになります。エネルギーとは、仕事をする能力のことです。

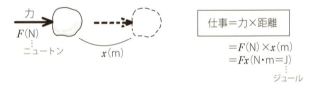

力 $F(\text{N})$ が面積 $A(\text{m}^2)$ に均等にかけられていたら、力 F の効果は 1m^2 当たり $F/A(\text{N/m}^2=\text{Pa})$ の圧力 P と同じとなります。

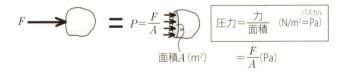

送風機の効率

圧力 P が $A(\mathrm{m}^2)$ の面を $x(\mathrm{m})$ 右へ押して ΔV の体積変化させる仕事 W を考えると、仕事 $W=$ 力×距離 $=F \times x=(PA) \times x=P \times (Ax)=P\Delta V$ となります。ΔV の空気を圧力 P で押す場合も、その仕事は、またはその空気のもつエネルギーは、$P\Delta V$ となります。

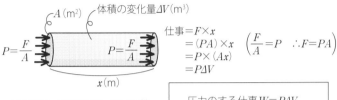

(F : Force　P : Pressure　W : Work　A : Area　V : Volume)

圧力のする仕事 $W=P\Delta V$

ダクトにおいて、$Q(\mathrm{m}^3/\mathrm{min})$ の風量の空気が動く場合、1 分間に $Q(\mathrm{m}^3)$ だから、1 秒間には $Q/60\,(\mathrm{m}^3)$ となります。1 秒当たりの体積の変化量 $\Delta V=Q/60\;(\mathrm{m}^3/\mathrm{s})$ です。

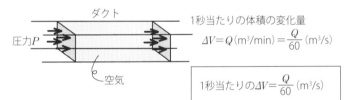

1 秒当たりの $\Delta V=\dfrac{Q}{60}\,(\mathrm{m}^3/\mathrm{s})$

この空気がする仕事(この空気がもつエネルギー)は、$P\Delta V=P\cdot\dfrac{Q}{60}$ となります。単位は $\mathrm{N/m^2}\times\mathrm{m^3/s}=\mathrm{N\cdot m/s}=\mathrm{J/s}=\mathrm{W}$ となります。この空気がする 1 秒当たりの仕事量を軸動力で割れば、効率が出ます。P には静圧 P_s、全圧 P_t があります。

静圧 P_s の風圧のエネルギー $=P_\mathrm{s}\times\overbrace{\dfrac{Q}{60}}^{1秒間の\Delta V}$ 　$\left(\dfrac{\mathrm{N}}{\mathrm{m}^2}\times\dfrac{\mathrm{m}^3}{\mathrm{s}}=\dfrac{\mathrm{N\cdot m}}{\mathrm{s}}=\dfrac{\mathrm{J}}{\mathrm{s}}=\mathrm{W}\right)$

よって　静圧 P_s の効率 $=\dfrac{P_\mathrm{s}\times\dfrac{Q}{60}\;(\mathrm{W})}{\text{軸動力}\;(\mathrm{W})}\;(\%)$

同様に　全圧 P_t の効率 $=\dfrac{P_\mathrm{t}\times\dfrac{Q}{60}\;(\mathrm{W})}{\text{軸動力}\;(\mathrm{W})}\;(\%)$

kW のときは分子も kW に合わせる

答え ▶ ○

R122 ○×問題　直結直圧方式と直結増圧方式　その1

Q 水道直結直圧方式においては、建築物内に揚水ポンプが必要である。

A 道路下に埋め込まれた公共の水道本管に、直接結合して、直接圧力を使って建物内に給水する方式を、水道直結直圧方式といいます。中間にポンプを入れる必要はありません（答えは×）。ポンプを使って増圧するのは、水道直結増圧方式です。

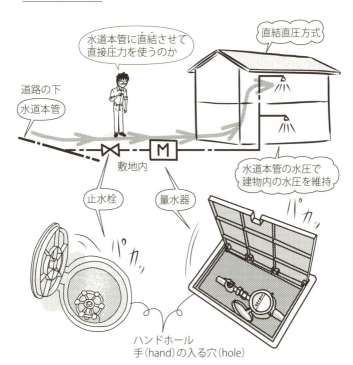

答え ▶ ×

★ R123 ○×問題　直結直圧方式と直結増圧方式　その2

Q 水道の給水引込み管に増圧給水設備を直結する水道直結増圧方式は、受水槽に水をためて給水ポンプで圧送するポンプ直送方式に比べ、水道本管の水圧を利用できるため、省エネルギー効果が期待できる。

A 建物が3～4階と高かったり、2～3戸で同時に使う水栓の数が多かったりすると、水道直結直圧方式では水圧が足りないことがあります。その場合、ポンプなどの増圧装置を付けて増圧します。水道直結増圧方式といいます。いったん受水槽に水をためる方式に比べて、本管の水圧を使う分、ポンプの水圧が小さくてすみ、省エネルギー効果があります（答えは○）。

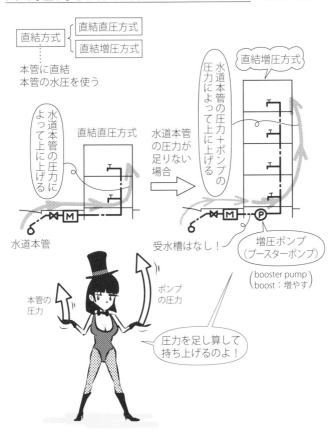

答え ▶ ○

★ / **R124** / ○×問題 直結直圧方式と直結増圧方式 その3

Q 水道直結直圧方式は、水道直結増圧方式に比べて設備費が安価で、維持管理がしやすい。

A 水栓（蛇口）が水道本管と直結していて、間に受水槽や増圧ポンプなどの設備を挟まず、本管の水圧によって水栓の水圧が維持されるのが水道直結直圧方式です。最も簡便で設備費が安く、機械の故障の心配はなく、メンテナンスも不要です。配管の水もれだけを気にすればすみます（答えは○）。戸建て住宅、小規模な2階建てアパート程度では、本管の水圧が弱くない限りは水道直結直圧方式を採用します。

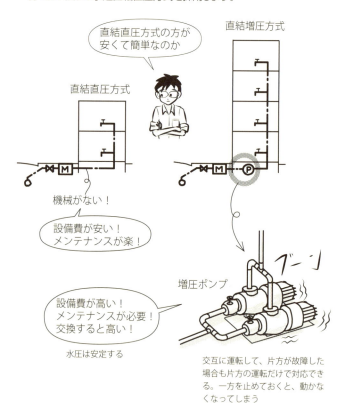

答え ▶ ○

★ / R125 / ○×問題　直結直圧方式と直結増圧方式　その4

Q 受水槽を使う方式では、水道直結増圧方式に比べ、引込み管の管径は大きくなる。

A 3階以上の階に水栓がある、水道本管の水圧が低い、多くの住戸がある集合住宅のように水道の同時使用量が多いなどの場合、いったん水をためておく受水槽が必要となります。受水槽へためるための水圧はさほど大きくなくてもよいので、本管からの給水引込み管は水道直結増圧方式よりも細くできます（答えは×）。

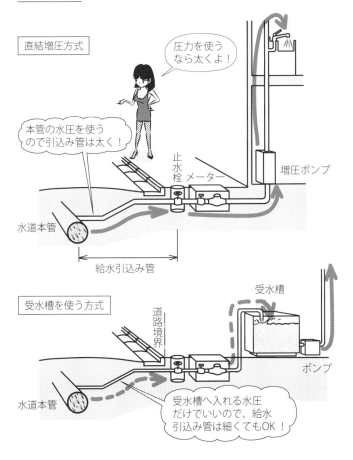

答え ▶ ×

R126 ○×問題　　高置水槽方式　その1

Q 高置水槽方式は、揚水ポンプの圧力により直接建物内の必要箇所に給水する方式である。

A 受水槽を使う方式は、下図のように3種類あります。①の高置水槽方式は、受水槽から高置水槽に水を運んで、そこから重力を使って給水します（答えは×）。停電や断水になっても、高置水槽内の水を使うことができます。

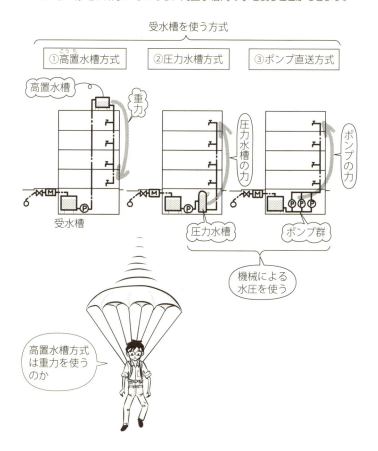

答え ▶ ×

★ R127 ○×問題　　高置水槽方式　その2

Q 高置水槽方式の高置水槽は、建物内で最も高い位置にある水栓、器具等の必要圧力が確保できるような高さに設置する。

A 高置水槽方式では、上階では水圧が小さく、下階では水圧が大きくなります。上階での水圧が足りない場合、高置水槽をペントハウスの上に置く、鉄骨の架台の上に置くなどして、落差を大きくする工夫をします（答えは○）。一方、下階の水圧が高すぎる高層建築の場合、中間階にも水槽を置く、減圧弁を付けるなどの対策を講じます。

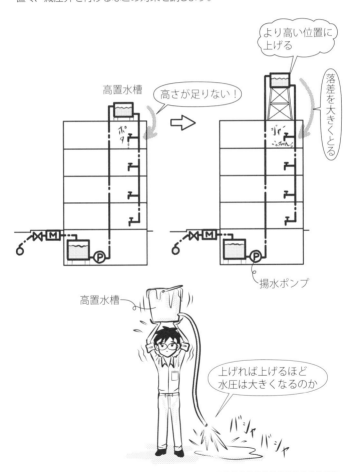

答え ▶ ○

★ **R128** 〇✕問題　　　　　　　　　高置水槽方式　その3

Q 高置水槽方式において、揚水ポンプから高置水槽への横引き配管が長かったので、低層階で配管の横引きを行った。

A <u>横引きを高いところで行うと、ウォーターハンマーが起こりやすくなるので、低い所で行うようにします</u>（答えは〇）。

横引きを高い所で行った場合、下図のように、ポンプを止めた瞬間に立て管では水が下がり、横管では水が先へと進みます。すると真空のような低圧で水が蒸発し、その低圧蒸気が水を引き戻してウォーターハンマーを発生させます。<u>水柱分離</u>といいます。

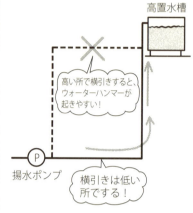

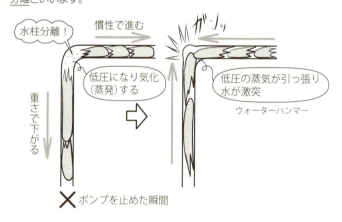

- 水柱（すいちゅう）は圧力の単位でも使います。<u>10m（水柱）は水を10mの高さまで上げられる圧力（1気圧）</u>です。水柱分離の水柱は、文字通り、水の柱という意味です。
- エキスパンションジョイント（構造のつなぎ目）を給水管が横切る場合は、<u>揺れの小さい低層部を通します。</u>

答え ▶ 〇

R129 ○×問題　　　圧力水槽方式

Q 圧力水槽方式は、高置水槽方式に比べて、給水圧力の変動が大きい。

A 圧力水槽方式とは、コンプレッサーから送られた空気の圧力によって、水を持ち上げる仕組みです。空気圧によって、多少、水圧が変わってしまいます。高低差の重力で水圧をかける高置水槽方式ほど、水圧は安定していません（答えは○）。水槽はひとつですみ、配管も短くなるメリットもあります。

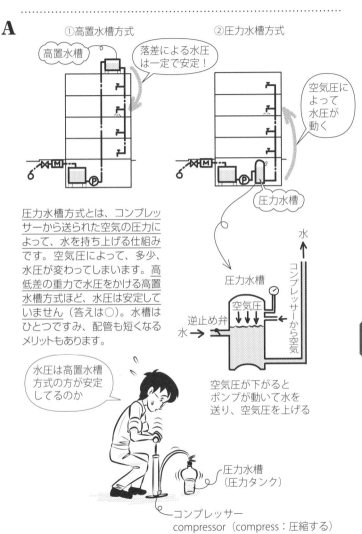

答え ▶ ○

ポンプ直送方式

Q ポンプ直送方式は、受水槽を設け、給水ポンプによって建築物内の必要な箇所に給水する方式である。

A 受水槽から給水ポンプで直接水栓に水を送るのがポンプ直送方式です（答えは○）。水道本管にポンプを直につなぐ水道直結増圧方式では、同時使用時に水量が足りなくなる可能性があります。また本管の水を使いすぎて、周囲の家に水が行かなくなってしまうおそれもあります。そこで水をいったん、受水槽にためます。ポンプは1台で動かすと、故障時に水が完全に止まってしまいます。2台以上のポンプを並列につないで、交互に運転するようにします。1台を常に動かし、他方を止めていると、止まっている方はいざというときに動かなくなってしまうからです。

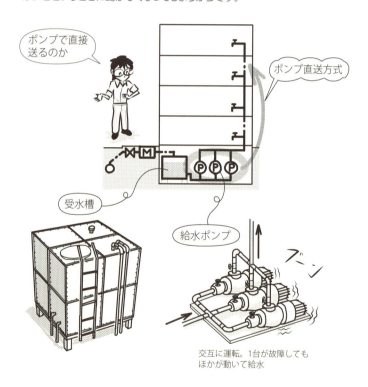

答え ▶ ○

R131 まとめ 給水方式のまとめ

水道本管から敷地内へ引き込み、建物各部へと水を送る給水方式について、ここでまとめておきます。

給水方式	水圧の安定性	停電時の給水	設備費 メンテナンス
水道直結直圧方式	△ 水道本管の水圧の影響を受ける	○ 可能	○ 設備費：安い メンテナンス：楽
水道直結増圧方式	○ ほぼ安定	△ 増圧ポンプが止まると、水圧が下がる	△ 設備費：やや高い メンテナンス：やや大変
高置水槽方式	○ 高低差を使った水圧なので安定	△ 高置水槽内の水だけ給水可能	× 設備費：高い メンテナンス：大変
圧力水槽方式	△ ほぼ安定。高置水槽方式に比べ安定していない	× 圧力水槽が動かず給水不可能	× 設備費：やや高い メンテナンス：大変 （水槽ひとつで配管が短いのは○）
ポンプ直送方式	△ ほぼ安定。高置水槽方式に比べ安定していない	× 給水ポンプが動かず給水不可能	× 設備費：やや高い メンテナンス：大変 （水槽ひとつで配管が短いのは○）

5 給水設備

★ R132 ○×問題 水の圧力　その1

Q 全揚程とは、実揚程に摩擦圧力と吐水圧力を加えたポンプに必要な圧力である。

A 揚程（ようてい）とはポンプの圧力（下図）を水の高さで示したものです。下図で実際の高さが実揚程、それに管の摩擦と吐水圧力を足したものが全揚程で、ポンプに必要な圧力となります（答えは○）。

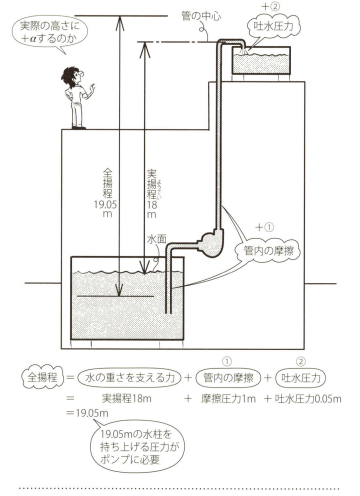

全揚程 ＝ 水の重さを支える力 ＋ ①管内の摩擦 ＋ ②吐水圧力
　　　＝　　実揚程18m　　　＋　摩擦圧力1m　＋　吐水圧力0.05m
　　　＝19.05m

19.05mの水柱を持ち上げる圧力がポンプに必要

答え ▶ ○

R133 ○×問題　　水の圧力　その2

Q 水の密度は1000kg/m³、空気の密度は約1kg/m³である。

A 水と空気の質量や重さを考える際、比重で覚えておくと便利です。比重とは水と比べた重さで、水を1としたときの値です。空気は温度によって大きく膨張・収縮し、比重は0.0012〜0.0014程度。比重に単位を当てる際、g/cm³とt/m³は同じ値となるので簡単です。水の比重は1、1g/cm³＝1t/m³＝1000kg/m³です。一方空気の比重は約1/1000で、0.001g/cm³＝0.001t/m³＝約1kg/m³です（答えは○）。ダクトファンや給水ポンプにかかる圧力を考える際に、水の重みが圧倒的に大きくて、ポンプとファンの圧力には大きな違いが出ます。

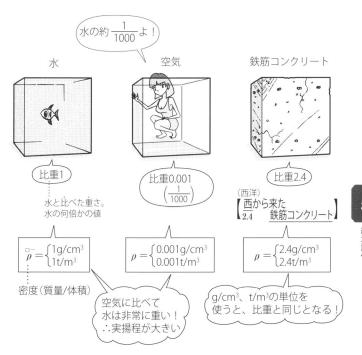

- 質量は物の動かしにくさで、単位は g、kg、t。重さは地球の引く力で、単位は N、gf、kgf、tf。

【　】内スーパー記憶術

答え ▶ ○

★ R134 ○×問題　水の圧力　その3

Q 高さ$H(m)$の水柱の圧力Pは、水の密度を$\rho(kg/m^3)$、重力加速度を$g(m/s^2)$とすると、$\rho g H(Pa)$となる。

A 高さHmの水柱の圧力は、そのまま高さを使ってH(m水柱)またはH(mAq) などと書かれることがあります。Aqは Aquaの略です。それを通常の$Pa=N/m^2$に換算する問題です。密度ρと重力加速度g（gは gravity：重力）の入った式は、設備の解説書でよく出てきますので、ここでよく覚えておきましょう。水柱の断面積$A(m^2)$で計算して最後にAで割るか、断面のうちの$1m^2$で計算すると、H(m水柱)の圧力は$\rho g H(Pa)$となります（答えは○）。

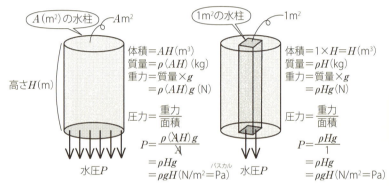

H：Hight（高さ）
P：Pressure（圧力）。水の高さ（水柱、水頭）という意味で、Hを記号とすることも多い。ここではダクトファンの圧力と統一してPとした

― スーパー記憶術 ―

老人 H！ パス！
ρ　g　H　パスカル
　　　　　　　Pa

- 大気圧が水柱の上と下からかかりますが、相殺されて、水の重さによる水圧だけになります。

答え ▶ ○

★ R135 ○×問題　水の圧力　その4

Q $P(\text{Pa})$の水圧を$H(\text{m})$（水柱）の単位に直すと、水の密度を$\rho(\text{kg/m}^3)$、重力加速度を$g(\text{m/s}^2)$とすると、$P/(\rho g)\,(\text{m})$となる。

A ポンプの性能を考える際には、水を持ち上げる高さ（実揚程）がそのまま単位となるm（水柱）がよく使われます。前項の式$P=\rho gH$をHについて解くと、$H=P/(\rho g)$となります（答えは○）。この換算に慣れておくと、設備の解説や資料を読むのが楽になります。

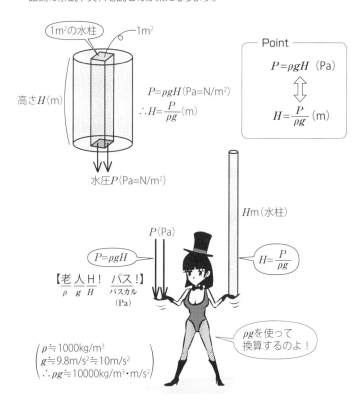

【 】内スーパー記憶術

答え ▶ ○

★ **R136** ○×問題　　　　　　　　　　　　　　　　水の圧力　その5

Q 水を10mの高さに持ち上げる圧力は100kPaである。

A 水の比重は1、1cm³当たり1g、1m³当たり1t＝1000kgです。比重とは水と比べた重さなので、水自体は1です。10mの水柱では底面積1m²当たり10000kg となり、重力は100000N、その圧力は100000N/m²＝100000Pa＝100kPaです（答えは○）。1気圧≒10m（水柱）であることも、覚えておきましょう。

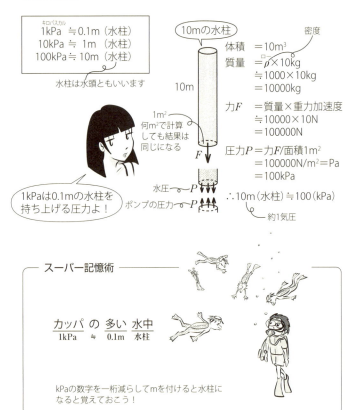

- 比重については拙著『ゼロからはじめる建築の［構造］入門』を参照してください。

答え ▶ ○

★ R137 ○×問題　　　圧力損失　その1

Q 給水管において、直管部の単位長さ当たりの圧力損失は、流速vの2乗に比例する。

A 円形の管に水を流すと、管による摩擦抵抗があるので、ΔP分の圧力が下がります。その下がったΔP分の圧力を圧力損失、摩擦損失、配管抵抗などと呼びます。ΔPの式は下のように、v^2に比例します（答えは○）。ダクトを流れる空気の圧力損失と同じです（R113参照）。

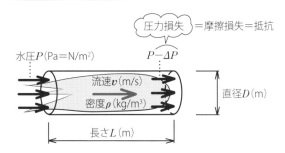

水の圧力損失 ΔP

$$\Delta P = \frac{\lambda L}{D} \times P = \frac{\lambda L}{D} \times \left(\frac{1}{2}\rho v^2\right)$$

$\left(\begin{array}{l}\lambda：管摩擦係数\\ P：水圧\\ \rho：水の密度 ≒ 1000 kg/m^3\end{array}\right)$

ΔPはv^2に比例

(周囲を)【圧するような美人!】
圧力損失 ＝ □× v 自乗

vは流量Qとの間に$Av = \frac{1}{60}Q$が成り立つので、ΔPはQ^2にも比例することになります。

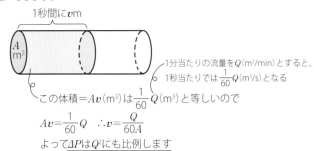

1分当たりの流量を$Q(m^3/min)$とすると、1秒当たりでは$\frac{1}{60}Q(m^3/s)$となる

この体積＝$Av(m^3)$は$\frac{1}{60}Q(m^3)$と等しいので

$Av = \frac{1}{60}Q \quad \therefore v = \frac{Q}{60A}$

よってΔPはQ^2にも比例します

- Δ（デルタ）は変化量を意味します。ΔPはPの変化量です。

【 】内スーパー記憶術

答え ▶ ○

5 給水設備

★ / **R138** / ○×問題　　　　　　　　　　　　　　圧力損失　その2

Q 配管による圧力損失（摩擦損失、配管抵抗）は、流量Qの2乗に比例する。

A 水の流速vと、1分間の流量Qとの間には、比例の関係があります。パイプの断面積を$A(m^2)$とすると、1秒間に流れる体積は$A \times v$（m^3）です。それが$1/60 \times Q$に等しいので、

$$Av = \frac{1}{60} \times Q \quad \therefore \quad v = \frac{Q}{60A}$$

となります。

<u>圧力損失ΔPはv^2に比例するので、$\{Q/(60A)\}^2$、すなわちQ^2にも比例することになります</u>（答えは○）。QとΔPのグラフは、下図のように放物線となります。ポンプにかかる圧力（全揚程）は、水を揚げる高さ（実揚程）と吐水圧力を圧力損失に足したものとなります。

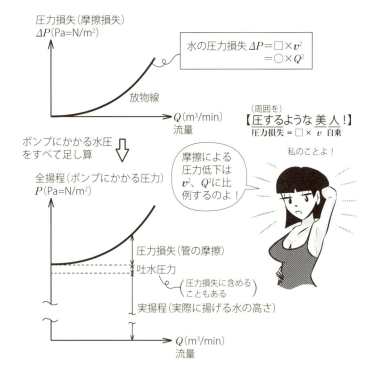

【 】内スーパー記憶術

答え ▶ ○

★ R139 ○×問題　　　　　　　　　　　流量線図

Q 流量 $Q(\text{m}^3/\text{min})$ と1m当たりの圧力損失 $\Delta P(\text{Pa/m})$ がわかれば、流量線図から配管径を決定できる。

A 流量線図とは、下図のように、横軸を圧力損失、縦軸を流量としたグラフです。配管の管径ごと、流速ごとの直線が数多く入れられています。①流量 Q を同時使用する器具数などで決め、②圧力損失 ΔP を仮に 0.5kPa/m などと決めると、③配管径を決めることができます（答えは○）。④流速 v、圧力損失 ΔP を前後に動かして、最適な位置を求めます。流速 v は速すぎず遅すぎない推奨値が提示されています。

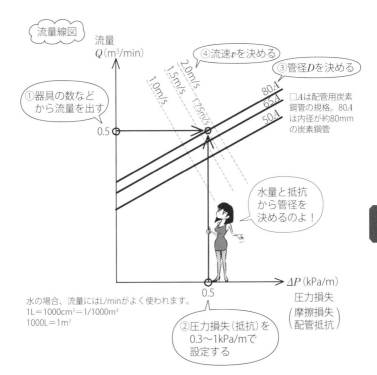

水の場合、流量にはL/minがよく使われます。
$1\text{L}=1000\text{cm}^3=1/1000\text{m}^3$
$1000\text{L}=1\text{m}^3$

答え ▶ ○

★ / R140 / ○×問題　　ポンプの特性曲線　その1

Q 横軸を流量 $Q(\mathrm{m^3/min})$、縦軸を全揚程 $P(\mathrm{Pa})$ としたポンプの特性曲線は、右下がりで上に凸の曲線である。

A ポンプの特性曲線（性能曲線、P-Q曲線）はダクトファンの特性曲線（R111参照）と同様に、バルブを絞ると（水圧を増やすと）流量は減り、開けると（水圧を減らすと）流量は増えます。水を揚げる高さを増やすと（水圧を上げると）流量は減り、高さを下げると（水圧を下げると）流量は増えます。ポンプの出す流量 Q と、ポンプにかかる水圧（＝ポンプのつくる水圧）P のグラフは、ポンプの性能、特性を表していて、下図のように右下がりの凸形の曲線となります（答えは○）。

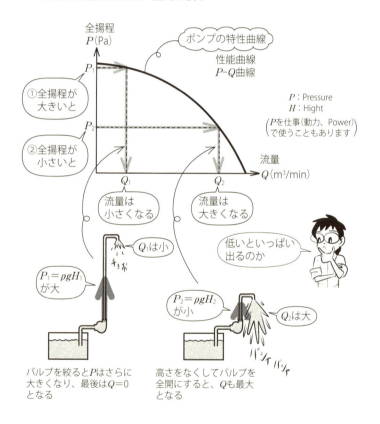

答え ▶ ○

★ R141 ○×問題　　　ポンプの特性曲線　その2

Q 配管の高さや抵抗によって決まる全揚程曲線（抵抗曲線）と、ポンプの性能によって決まる特性曲線の交点が運転点である。

A ある全揚程（抵抗）下で決まるポンプの運転時の流量と水圧の点 (Q, P) を、運転点といいます。ダクトファンの場合（R117）と同様に、配管による全揚程曲線とポンプの特性曲線の交点から、その瞬間での運転点が求まります（答えは○）。全揚程（抵抗）が R_0 曲線で、バルブを絞って抵抗を上げて R_1 曲線に変えると、P が上がり、Q は下がります。バルブを開いて抵抗を下げて R_2 曲線に変えると、P が下がり、Q は上がります。

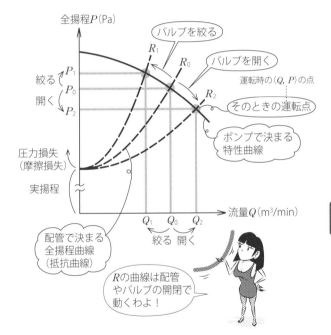

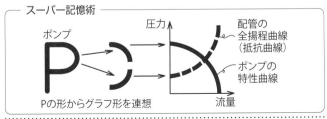

答え ▶ ○

R142　○×問題　　ポンプの特性曲線　その3

Q 配管の高さや抵抗によって決まる全揚程を一定としてポンプを変えると、運転点は変わる。

A 配管を変えず、バルブの閉め具合も一定にすると、全揚程曲線（抵抗曲線）はひとつに定まります。ポンプの特性曲線は、ポンプの数だけあります。<u>性能の高いポンプの特性曲線ほど、上に位置します</u>（答えは○）。抵抗曲線との交点は、ポンプの性能が高いほど右上へ行き、PもQも大きくなります。<u>必要以上にQが大きくなってしまう場合は、バルブを絞って抵抗を増やし、全揚程曲線を左へとずらします。</u>

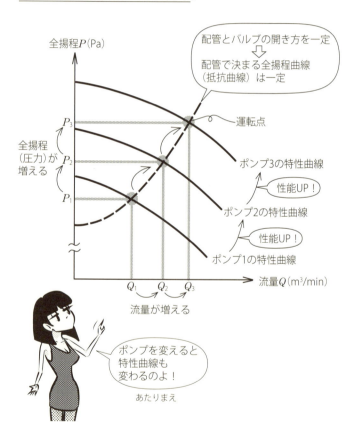

答え ▶ ○

★ / R143 / ○×問題　　　ポンプの特性曲線　その4

Q インバーターによってポンプの回転数を下げて流量を絞ることは、バルブで絞るよりも、省エネルギーである。

A 従来のポンプの交流モーターでは、回転数が変えられないため、下図下のグラフのようにバルブを絞って抵抗を増やして流量を調整しました。インバーター付のモーターでは、下図上のグラフのように回転数を下げ、水圧を下げることで特性曲線を下に下げて、流量を調整することができます。軸動力は回転数の3乗に比例する（R146参照）ので、回転数を下げると軸動力が下がり、消費電力も下がって省エネルギーになります（答えは○）。

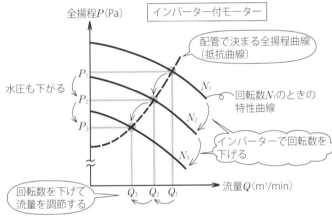

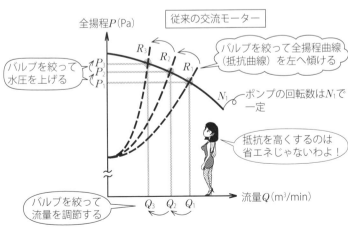

答え ▶ ○

★ R144 ○×問題　　　ポンプの効率　その1

Q ポンプの効率とは、軸動力のうちの何％が水流のエネルギーになったかを示す値で、効率が最大となる点の流量と全揚程で運転すると省エネルギーとなる。

A ポンプの効率 η（イータ）は、軸が回転するエネルギー、動力のうち、どれくらいが水のエネルギーになったかを示す値です。

$$\text{ポンプの効率 } \eta = \frac{\text{水のエネルギー } W}{\text{軸動力}} \quad \left(\frac{\text{水の仕事エネルギー}}{\text{ポンプの回転エネルギー}} \right)$$

$Q\text{-}\eta$ のグラフは上に凸の曲線で、η はある流量 Q で最大となります。その近くで運転すると、動力がよく水に伝わり、省エネルギーとなります（答えは○）。

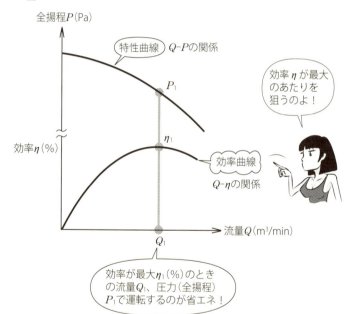

答え ▶ ○

R145 ○×問題　ポンプの効率　その2

Q ポンプの軸動力は、ポンプの流量 Q と全揚程 P の積に比例する。

A 仕事＝力×距離を変形すると、(圧力×断面積)×距離＝圧力×(断面積×距離)＝圧力×体積変化＝$P \times \Delta V$ となります。1秒間の ΔV の場合、仕事は1秒間にする仕事＝仕事率となります。

$$\boxed{\text{水の圧力がする仕事 } W = P \times \Delta V}$$

$$= P \times \left(\frac{1}{60}Q\right) \cdots Q(\text{m}^3/\text{min}) = \frac{1}{60}Q(\text{m}^3/\text{s})$$

$$= \frac{1}{60}Q \times P$$

1秒当たりの仕事(率)　圧力　体積変化
水のエネルギー
1分当たりの流量

ポンプの効率 η（イータ）は、ポンプの羽根が1秒間にする仕事量、回転エネルギー量のうち、どれくらいが水の圧力がする仕事量、エネルギー量になったかの比率です。

（ポンプの回転エネルギーが、どれくらい水に伝わるか）

$$\boxed{\text{ポンプの効率 } \eta = \frac{\text{水のエネルギー } W}{\text{軸動力}}} \quad \left(\frac{\text{水の仕事エネルギー}}{\text{ポンプの回転エネルギー}}\right)$$

上の式を変形すると、軸動力＝W/η となります。水のエネルギー W は、水の圧力×体積変化＝$P \times (Q/60)$ なので、軸動力＝$QP/(60\eta)$ となり、Q と P の積に比例することがわかります（答えは○）。

$$\text{軸動力} = \frac{W}{\eta} = \frac{1}{\eta}\left(\frac{1}{60}Q \times P\right) = \frac{1}{60\eta} \times QP$$

$$\therefore \boxed{\text{軸動力} = \frac{1}{60\eta}QP}$$

（軸動力は $Q \times P$ に比例！）

（QP に比例するのか）

【キューピッド の Work】
$\square \times Q \times P = W$

【　】内スーパー記憶術

答え ▶ ○

R146　〇✕問題　ポンプの効率　その3

Q 配管を変更せずにポンプの回転数を2倍にすると、流量は2倍、圧力（全揚程）は4倍、軸動力は8倍になる。

A

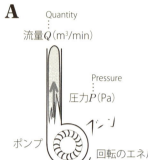

Quantity
流量 Q (m³/min)

Pressure
圧力 P (Pa)

ポンプ

回転のエネルギー＝軸動力 W (kW)

回転数 N (回/min)
r (rotation) として r/min とも書く

回転数 N と Q、P、W の関係は、送風機とポンプで、まったく同じです。$Q:P:W=N:N^2:N^3$ となります（R120参照）（答えは〇）。

ポンプと送風機の大きな違いは、水が空気より1000倍重く、実揚程（高さ）分の重さが P に加わっていることです。

Work。Power（動力）のPを使うこともあるが、ここでは送風機と統一するためにPは圧力に使っている

比例

流量	$Q \propto N$ …回転数
圧力	$P \propto N^2$
軸動力	$W \propto N^3$

N が2倍　　　N が3倍
Q は2倍　　　Q は3倍
P は4倍　　　P は9倍
W は8倍　　　W は27倍

ポンプも送風機も一緒なのか

――― スーパー記憶術 ―――

キューピッド の Work、　イチ、ニ、サン！
□ × Q × P ＝ W　　N の1乗　2乗　3乗
　　　　　　　　　　　　　　(Q)　(P)　(W)

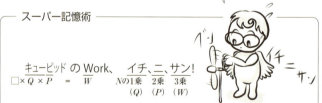

流速 v は、回転数 N に比例します。
よって $Q:P:W=N:N^2:N^3=v:v^2:v^3$ となります。

答え ▶ 〇

R147 まとめ — ポンプの効率 その4

流量Q、圧力P、仕事（エネルギー）Wと回転数Nの関係は、ポンプ、送風機共に同じです。ここでまとめて覚えておきましょう。

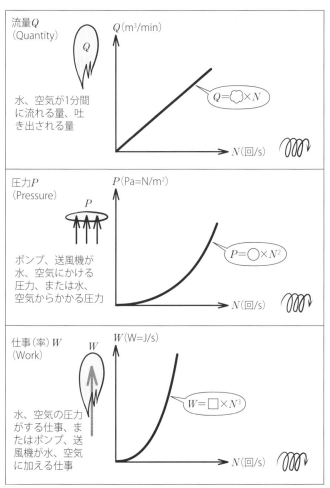

流量Q（Quantity）
水、空気が1分間に流れる量、吐き出される量
$Q = \bigcirc \times N$

圧力P（Pressure）
ポンプ、送風機が水、空気にかける圧力、または水、空気からかかる圧力
$P = \bigcirc \times N^2$

仕事(率)W（Work）
水、空気の圧力がする仕事、またはポンプ、送風機が水、空気に加える仕事
$W = \square \times N^3$

R148 ○×問題　　　ポンプの効率　その5

Q 同じ性能のポンプを2台並列に組むと、1台のときに比べて流量は2倍となる。

A ポンプを2台並列に組んでも、流量は2倍になりません（答えは×）。

（並列にしても Q は2倍にはならないわよ！）

水圧 P が同じならば、流量 Q は2倍になります。

しかし流量が増えると、摩擦抵抗も増えます。そのため2倍まで流量を増やすことはできません。

- ポンプと同様に空調のファンも、2台並列運転しても風量は2倍になりません。

答え ▶ ×

★ / R149 / ○×問題　　　　ポンプの効率　その6

Q 同じ性能のポンプ2台を直列に組むと、1台のときに比べて圧力は2倍となる。

. . . .

A ポンプを2台直列に組んでも、圧力は2倍になりません（答えは×）。

直列にしてもPは2倍にはならないわよ！

直列運転

ポンプ

流量が一定ならば圧力は2倍になるが

$2 \times P_1$

P_1

直列運転

単独運転

Q_1

流量が一定ならば

流量も増えるので圧力は2倍にならない！

$(P_2 < 2 \times P_1)$

全揚程曲線（抵抗曲線）

P_2

P_1

圧力が増えると流量も増える！

同じ流量Qでは圧力Pは2倍になります。しかし圧力が増えると流量も増えて圧力の増加が弱まり、圧力は2倍となりません。

Q_1　Q_2

グラフは右へずれる

5

給水設備

. . . .

答え ▶ ×

161

★ R150 ○×問題 キャビテーション

Q ポンプにおいてキャビテーションが発生すると、振動、騒音、ポンプの効率の低下、発生部での侵食が生じることがある。

A

圧力が低いと、水は水蒸気になりやすく、水に溶けている空気は気体になりやすくなります。富士山頂では、水は87℃で沸騰します。

<u>ポンプの内側では圧力が極端に下がり、水が沸騰して水蒸気や空気の泡ができます。ポンプの回転によって泡が外側に行くと、今度は圧力が高くなって泡が破裂します。これをキャビテーション（空洞現象）といいます。</u>泡が消滅する際の衝撃で、振動、騒音が発生し、流れが阻害されて水圧が下がります。最悪の場合、ポンプの鋼材を壊してしまいます（答えは○）。

<u>ポンプ吸込口の管内圧力が低いときに発生しやすくなります。</u>

cavitate：空洞をつくる

【キャビアでテンション上がって体が震える】
　キャビ　　　　テーション

【　】内スーパー記憶術

答え ▶ ○

★ R151 ○×問題　　　　　　　　　　　　必要水圧　その1

Q 1. 浴室のシャワーの必要水圧を、70kPa以上とした。
2. 高置水槽方式において、高置水槽の低水位から最も高い位置のシャワーヘッドまでの高さを、70kPaの最低圧力を確保するように設定した。

A シャワーの最低水圧は70kPaとされています。高置水槽では重力を水圧にするので、7mの高さは確保します（1、2は○）。

1kPa＝0.1m　【カッパの多い水中】
10kPa＝1m　　　1kPa ＝ 0.1m（水柱）
∴70kPa＝7m

シャワーヘッドの形から7、ホースの丸から0を連想する。

【　】内スーパー記憶術

答え▶ 1. ○　2. ○

★ **R152** 〇×問題　　　　　　　　　　　　　必要水圧　その2

Q 大便器の洗浄弁における必要水圧は、30kPaである。

A 下図のような洗浄弁は、水圧を使って洗浄するので、シャワーと同様に**70kPa以上**必要となります（答えは×）。

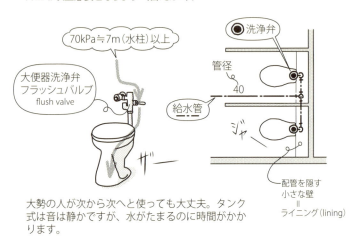

大勢の人が次から次へと使っても大丈夫。タンク式は音は静かですが、水がたまるのに時間がかかります。

答え ▶ ×

★ R153 ○×問題　　　必要水圧　その3

Q キッチンや洗面の水栓における必要水圧は、30kPaである。

A 一般水栓は、シャワーや大便器洗浄弁ほど水圧は必要なく、30kPa以上です（答えは○）。タンクにためる方式の大便器でも、タンクに水を入れられればいいので、30kPaあれば十分です。

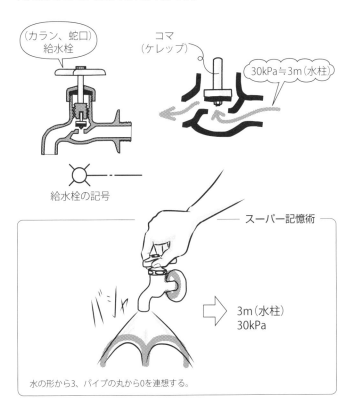

スーパー記憶術

水の形から3、パイプの丸から0を連想する。

答え ▶ ○

★ **R154** 〇×問題　　1日平均使用水量　その1

Q 戸建て住宅、集合住宅の平均使用水量は、1日平均、1人当たり200～400L/day・人である。

A 住宅の平均使用水量は、200～400L/day・人程度です（答えは〇）。ホテルではこれよりも多く、400～500L/day・人程度です。

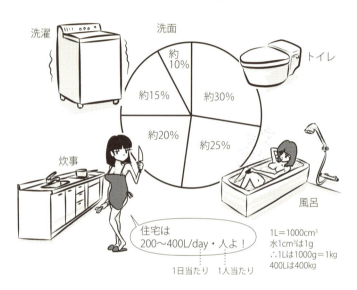

スーパー記憶術

家の切妻と窓の形から400を連想する。

答え ▶ 〇

★ R155 ○×問題　　1日平均使用水量　その2

Q 事務所の平均使用水量は1日平均、1人当たり、200〜400L/day・人である。

A 事務所で水を使うのは、洗面、トイレ、給湯ぐらいなので、60〜100L/day・人程度となります（答えは×）。200〜400L/day・人は、風呂や炊事、洗濯などでも水を使う住宅の場合です。空調で水を使う場合は、使い捨てにはされません。

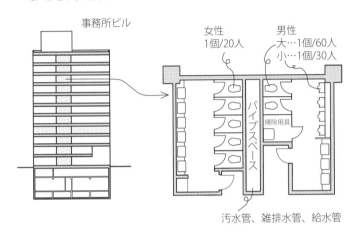

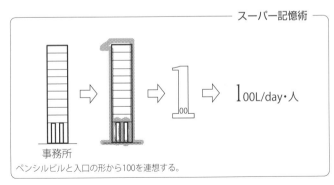

― スーパー記憶術 ―

ペンシルビルと入口の形から100を連想する。

答え ▶ ×

★ R156 ○×問題　　1日平均使用水量　その3

Q 事務所ビルの給水設備設計において、在勤者1人当たりの1日の使用水量を$0.1m^3$とした。

A $1m^3=1000L$なので、$0.1m^3=100L$です。事務所の使用水量は60～100 L/day・人なので、m^3に直すと0.06～$0.1m^3/day$・人となります（答えは○）。Lとm^3の換算は、ここで覚えておきましょう。

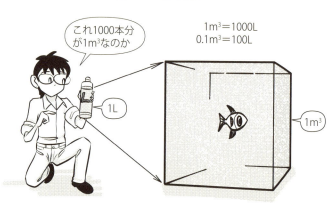

$1m^3 = 100cm \times 100cm \times 100cm = 1000000cm^3$
$= 1000L$

- Point -

1000倍でつながる体積の単位

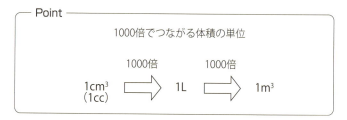

答え ▶ ○

R157 ○×問題　1日平均使用水量　その4

Q 飲食施設を設けない事務所ビルにおいて、給水系統を飲料水と雑用水に分ける場合、飲料水60〜70%、雑用水30〜40%程度の使用水量の比率となる。

A 事務所ビルでは飲料、調理、洗面に、さほど水は使いません。飲料水と雑用水の比率は、3:7程度です（答えは×）。一方、住宅では逆となり、7:3程度となります。

答え ▶ ×

★ R158　○×問題　　　1日平均使用水量　その5

Q 小学校、中学校、高等学校の1日平均、生徒と職員1人当たりの使用水量は、70〜100L/day・人である。

A 小・中・高校など学校の平均使用水量は、70〜100L/day・人とされています（答えは○）。
ただし、プールを使う場合は、大きく増えます。

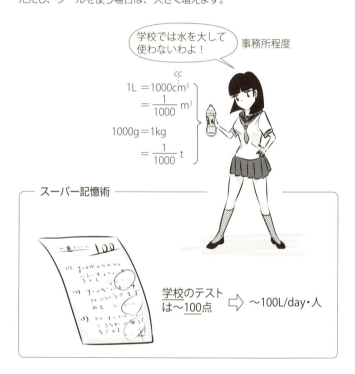

学校のテストは〜100点 ⇨ 〜100L/day・人

答え ▶ ○

★ R159 ○×問題　1日平均使用水量　その6

Q 病院の平均使用水量は、1日、1病床当たり、1500～3500L/day·床である。

A 病院の平均使用水量は、1500～3500L/day·床とされています(答えは○)。中小規模病院では600～800L/day·床程度で、設備内容によっても大きく変わります。

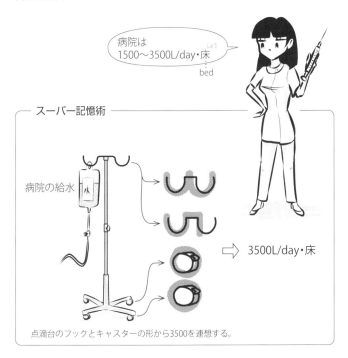

答え ▶ ○

★ R160 まとめ　　　　　　　　　　　1日平均使用水量　その7

1日平均使用水量を、ここで小さい順にまとめておきます。おおまかな基準として覚えておきましょう。体積の単位はLです。

1日平均使用水量

事務所	60〜100L/day・人	
学校	70〜100L/day・人	学校のテストは〜100点　⇨〜100L/day・人
住宅	200〜400L/day・人	
ホテル	400〜500L/day・人	住宅　　　ホテル　　　400L/day・人　　ホテルは住宅より水を使う。種類によっては1000L/day・人も。
病院	1500〜3500L/day・床	⇨ 3500L/day・床

【　】内スーパー記憶術

172

★ / R161 / ○×問題　　　　　　　　　　　受水槽　その1

Q 集合住宅において、飲料用受水槽の容量を、1日の予想給水量の50％程度とした。

A ワンルーム10軒の3階建てアパートに、ポンプ直送方式（R130参照）で給水する場合を考えます。住宅では1日当たり、1人当たり200〜400Lの水を使います。毎朝シャワーを使う女性が多いアパートだとして、400L/day·人で計算してみます。1日の使用料は400L×10＝4000L＝4m³となります。受水槽に4m³をためると、塩素が減って水が傷むおそれがあります。受水槽の容量は1日の使用水量の半分程度として、2m³の受水槽を使います（答えは○）。

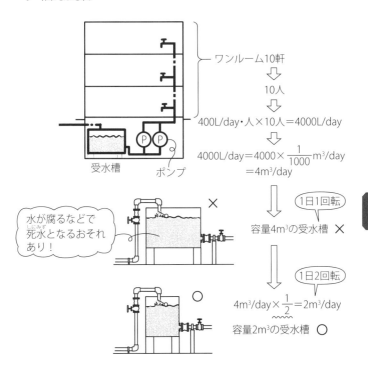

断水時対策のため受水槽容量を1日予想給水量の2倍とする場合、塩素が不足しないように、塩素滅菌装置を設置します。

答え ▶ ○

★ / R162 / ○×問題　　　　　受水槽　その2

Q 上水道の給水栓からの飲料水には、所定の値以上の残留塩素が含まれていなければならない。

A 残留塩素がなくなると危険です。水は常に動いていないと、塩素が抜けて、死水（しにみず）となってしまいます（答えは○）。受水槽、高置水槽の容量は小さめにし、給水管末端の動いていない水には注意が必要です。

ずっと動いているとGOOD！

ずっと止まっているとBAD！

死水

次亜塩素酸ナトリウム NaClO ⇨ チフス菌、大腸菌、ブドウ球菌、サルモネラ菌などを殺菌

0.1mg/L以上
↓
0.1mg/1000g = $0.1 \times \dfrac{1}{1000} \times \dfrac{1}{1000}$ …g÷gで実質の単位はなし、比のみ
　　　　　 = 0.1ppm以上
　　　　　　　100万分の1＝10^{-6}

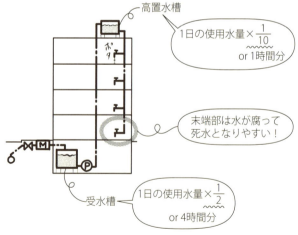

- 高置水槽：1日の使用水量×$\dfrac{1}{10}$ or 1時間分
- 末端部は水が腐って死水となりやすい！
- 受水槽：1日の使用水量×$\dfrac{1}{2}$ or 4時間分

答え ▶ ○

★ R163 ○×問題　受水槽　その3

Q 受水槽の材質については、FRP、ステンレス鋼板、鋼板、木などがあり、使用目的や使用方法に応じて選定する。

A 受水槽のフレームは強度上、鋼製がほとんどですが、パネル部分はさまざまです。安価なFRP製が多いですが、木製の受水槽も意外と多く使われており、羽田空港第2ターミナルビルにも巨大な木製受水槽が設置されています（答えは○）。

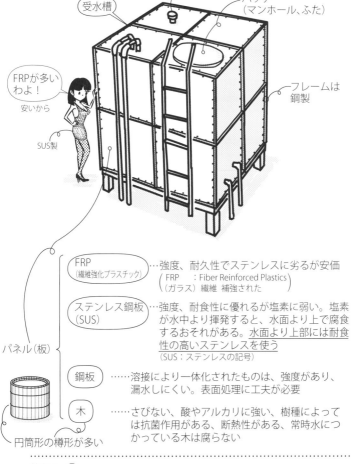

答え ▶ ○

★ **R164** ○×問題　　　　　　　　　　　　　　　　受水槽　その4

Q 受水槽の点検スペースとして、上部に100cm、側面および下部にそれぞれ60cmのスペースを確保した。

A 受水槽周囲の点検スペースは、<u>上部は100cm以上、側面と下部は60cm以上</u>とります（答えは○）。上部が広いのはハッチ（マンホール）をあける寸法が必要だからです。「上部が60cm」では×なので注意してください。

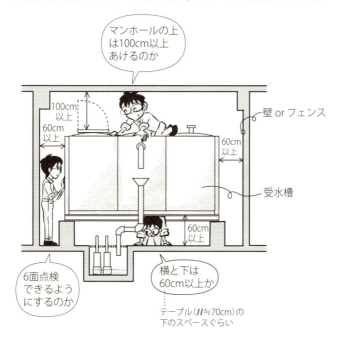

屋外にFRP製受水槽を置く場合は、<u>光による藻類（そうるい）の増殖を防ぐため</u>、外の光がどれくらい内部に届くかの<u>水槽照度率を0.1%以下</u>とする必要があります。

$$水槽照度率 = \frac{水槽内照度}{水槽外照度} \times 100 (\%)$$

【藻類多い水槽】
0.1%以下

【　】内スーパー記憶術

答え ▶ ○

★ R165 ○×問題　受水槽　その5

Q 受水槽のオーバーフロー管および水抜き管において、虫の侵入および臭気の逆流を防ぐため、トラップを設けて排水管に直接接続した。

A 受水槽のオーバーフロー管、水抜き管は、直接排水管につなぐ直接排水とせずに、排水口空間をとって排水管へと流す間接排水とします（答えは×）。直接排水とすると、汚れた排水が受水槽へ逆流するおそれがあるからです。臭気が上がるのを防ぐトラップは、排水口空間から下に設けます。排水口空間と似たものに、吐水口空間があります。

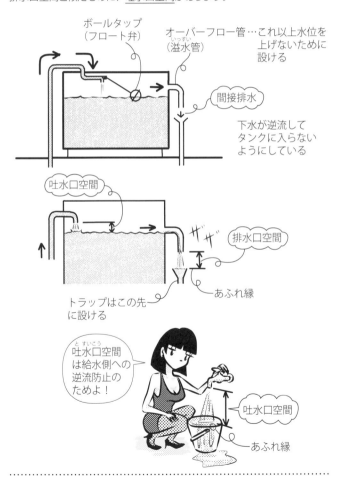

答え ▶ ×

★ R166 ○×問題　　受水槽　その6

Q 水槽内の滞留水による死水ができないようにするため、大容量の受水槽内には迂回壁を設けた。

A 大きな受水槽の場合、入口と出口の位置によっては、受水槽の隅に水の滞留、停滞する部分ができます。滞留すると、塩素が抜けて死水（しにみず）となってしまいます。上水を常に新鮮に保つために、大きな受水槽では中に迂回壁（うかいへき）を入れ、水が迂回して流れるようにして、滞留、停滞する所がないように工夫します（答えは○）。

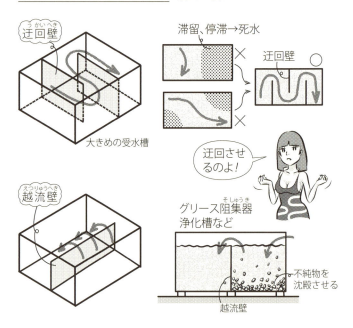

　死水とは、臨終を迎えた人の口に水を含ませる伝統的な儀式が原義ですが、給水で死水とは循環せずに滞留して残留塩素が少なくなり、腐っている水のことを指します。あまり使っていない蛇口の水を飲む際には、しばらく出してから飲む方が安全です。

　不純物を沈殿させる目的でタンクに入れる壁を、越流壁（えつりゅうへき）といいます。排水設備のグリース阻集器（そしゅうき）、浄化槽などで使われます（R225参照）。

答え ▶ ○

★ R167 ○×問題　　　　　躯体利用の水槽

Q 飲料水用の受水槽は建物躯体を兼用できないが、消火用水槽は建物躯体を利用することができる。

A 飲料水用受水槽は、躯体（くたい）を利用することは不可とされています。水質汚染の危険があるからです。6面点検できるすき間を躯体との間にとったうえで、独立した受水槽を置きます。雑用水、消防用水の水槽ならば、躯体でつくることは可能です（答えは○）。ここで躯体とは、鉄筋コンクリートでつくられた柱、梁、床、壁などの構造体のことです。

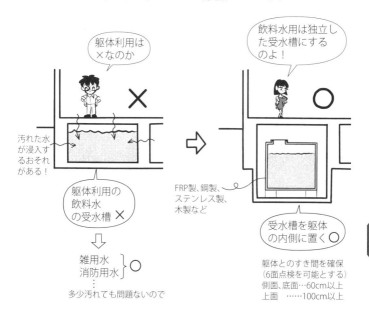

床下の空間は床下ピット、地下ピットともいいます。pitとは穴、くぼみのことです。基礎梁の上と下にスラブを架けて、配管スペースとするのが一般的です。基礎梁の配管用スリーブ（孔）や人通口は、施工図の段階でしっかりと確認しておきます。

答え ▶ ○

★ **R168** ○×問題　　　　　　　　　　　　　　上水と井水の接続

Q 飲料水系統の配管は、止水弁と逆止弁（ぎゃくしべん、ぎゃくどめべん）を設けた場合、井水系統の配管に接続することができる。

A 井水（いすい、せいすい）と上水は直接接続できません（答えは×）。上水系統の配管設備とその他の配管設備を接続するのは衛生上、大変危険であり、建築基準法でも禁止されています（建築基準法施行令129の2の4）。

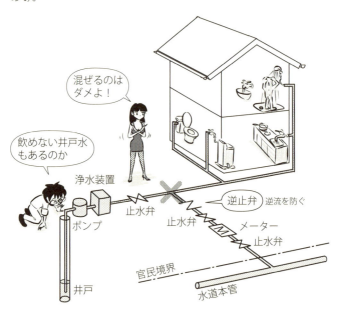

- 逆止弁（check valve）はチャッキ弁、チャッキなどとも呼ばれます。

答え ▶ ×

★ R169 ○×問題　　　　　　　　　　クロスコネクション

Q クロスコネクションとは、飲料水の給水・給湯系統とその他の系統とが、配管や装置によって直接接続されることをいう。

A 給水、給湯（上水）とその他の系統を直接接続することを、クロスコネクション（混合配管）といいます（答えは○）。衛生上非常に危険なので、禁止されています。

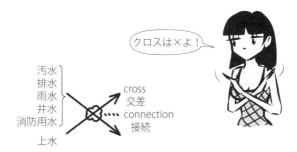

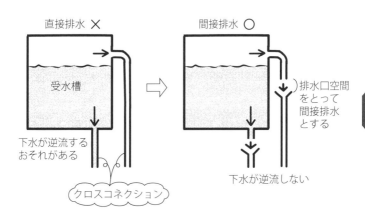

- 飲料水用配管を空調用配管につなぐのもクロスコネクションとなり、逆止弁を付けても不可。

答え ▶ ○

R170 ○×問題　　バキュームブレーカー

Q バキュームブレーカーは、吐水した水が逆サイホン作用により給水管に逆流するのを防止するために設ける。

A 逆サイホン作用とは、負圧の（大気圧より低い）空気が水を吸い込んで逆流（バックフロー）する現象です。バキュームブレーカー（真空破断機能付逆流防止弁）は、直訳すると真空を壊す機器で、負圧が発生すると空気を吸い込んで大気圧に直し、流れをスムーズにします（答えは○）。
サイホン作用とは、高いところの水がU字を逆にした水を満たした管（サイホン管）を通って低いところへと流れる現象です。

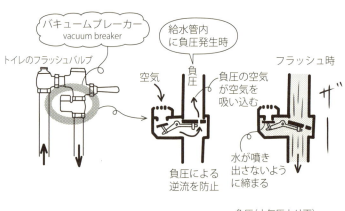

答え ▶ ○

★ R171 ○×問題　　ウォーターハンマーと流速

Q
1. ウォーターハンマーの発生を防止するためには、管内流速を速くする。
2. 給水圧力が高すぎると、給水管内の流速が速くなり、ウォーターハンマーが発生しやすい。

A シングルレバー混合水栓（ひとつのレバーでお湯と水を混ぜられる水栓）や洗濯機の自動弁などでは、急に水流が止まります。すると急激な水圧の上昇（水撃圧）が、管の曲がりの部分などに当たって音を立てます。それがウォーターハンマーといわれる現象で、管を傷めて、水漏れの原因ともなります。流速を弱めるために水圧を抑える、管を太くする、水圧上昇を吸収するためのウォーターハンマー防止器を付けるなどで防ぎます（1は×、2は○）。ウォーターハンマー防止器は、エアチャンバー（空気の小部屋）やベローズ（蛇腹）などで水圧を吸収します。

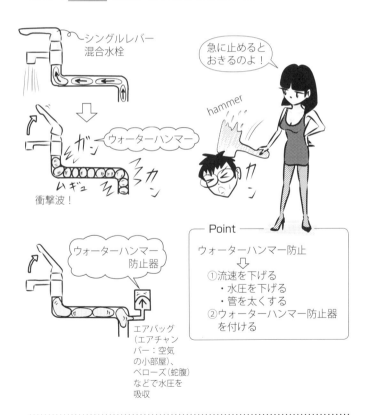

答え ▶ 1. ×　2. ○

★ / **R172** / ○×問題　　　　　　　　　　　　　　　　　先分岐方式

Q 主管から分岐して各器具へ配管する給水配管方式を、先分岐方式という。

A 1本の主管から分岐して各器具へ接続するのが、先分岐（さきぶんき）方式です（答えは○）。

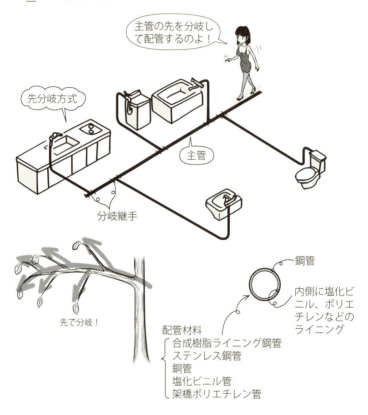

lining（ライニング）：内面に膜をコーティングして保護すること。

答え ▶ ○

★ R173 ○×問題　　　　　　　　　　　　　　　ヘッダ方式

Q ヘッダ方式とは、ヘッダ（分配主管）から分岐させて各器具へ別々に配管する給水配管方式である。

A 下図のように、ヘッダから各器具まで、各々別々に管を引くのがヘッダ方式です（答えは○）。小さなスペースにさまざまな給水器具が必要となる住宅で、よく使われます。収納の床下などにヘッダを置き、ハッチなどで床をあけられるようにしておくと、メンテナンスに便利です。

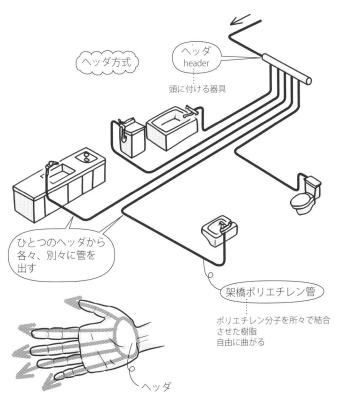

給水管、給湯管

答え ▶ ○

★ R174 ○×問題 さや管ヘッダ方式

Q さや管ヘッダ方式は、内装を壊さないで配管の更新が可能なので、集合住宅に多く使われている。

A さや管を先に施工して後から給水管をその中に通すヘッダ方式を、さや管ヘッダ方式といいます。クネクネ曲がるさや管、給水管、差し込むだけで接続できるジョイントなどで、施工の能率が上がります。また配管の交換も、中の給水管を抜いて新しい管を入れるだけなので楽です（答えは○）。

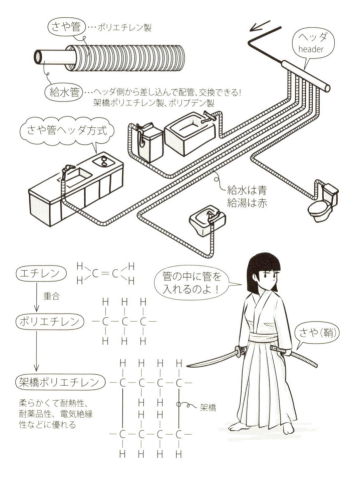

答え ▶ ○

★ R175 ○×問題　　スラブ上配管

Q 集合住宅の各住戸の給排水用横管は、スラブ上面と仕上げ床面の間に配管するのが一般的である。

A 分譲マンションはRC躯体の内側が、区分所有権の範囲です。給排水管の修理は、自分のところの床をはがして行えるように、スラブ上配管とします（答えは○）。賃貸マンション、アパートでも、RC造、S造、SRC造では、スラブ上が一般的です。躯体ができた段階で、さや管ヘッダ方式で給水管、給湯管を引き、塩ビ管などで排水管を引いた後に、内装の床、壁の工事を行います。

　トイレやユニットバスの下の躯体は、汚水管の勾配をとるスペース、ユニットの浴槽を落とし込むスペースが必要なため、他の室よりも下げることがあります。給水、給湯管を天井裏に設置することもあります。給水、給湯は圧力がかかっているので、天井からの配管も可能です。排水は重力で流すので、床下で行うしかありません。

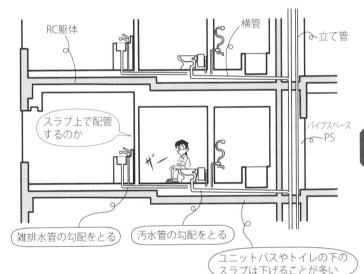

slab（スラブ）：石、木、金属などの厚板が原義

答え ▶ ○

★ / **R176** / 〇×問題　　　　　　　　　　　　　　　　　　　　　　　保温材

Q 屋内の給水管の結露を防止するために、保温材を用いて防露被覆を行う。

A 給水管の場合、常に冷たい水で満たされているので、保温材を巻いて結露（けつろ）を防ぎます（答えは〇）。<u>防露被覆</u>といいます。給湯管では湯が冷めないように、やはり保温材を巻きます。

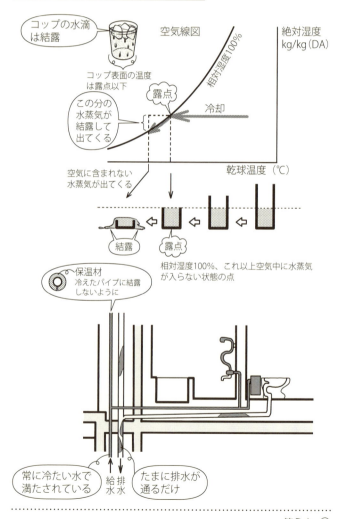

答え ▶ 〇

★ R177 ○×問題　　再利用水

Q 排水再利用水の原水としては、洗面器や手洗器からの排水を使い、厨房排水を使うことはできない。

A 浄化槽に通せば、ほとんどの排水は飲料以外の水に使うことができます。洗面、手洗器、厨房やトイレの排水も、使用可能です（答えは×）。ちなみに洗面、厨房、風呂の排水は雑排水、トイレの排水は汚水といいます。雑排水と汚水は、浄化槽を通して<u>排水再利用水</u>となります。雨水は浄化槽を通して<u>雨水再利用水</u>となります。

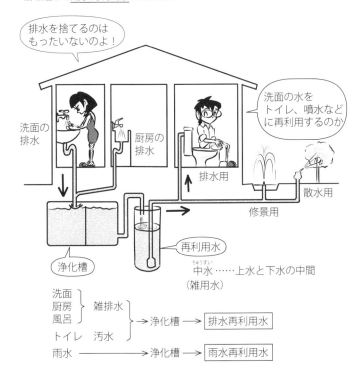

- 排水再利用水は、冷却塔の補給水には使えません。冷却塔の補給水は、上水としての水質基準を満たす必要があります。
- 雨水再利用水の便器洗浄排水が下水道料金の対象となる地域では、<u>雨水使用量</u>を測る量水器を設ける必要があります。

答え ▶ ×

R178 〇×問題　　　　　　　　　　　　　　　　節水コマ

Q 節水コマ入り給水栓は、コマの底部を普通コマより大きくした節水コマによって、ハンドルの開度が小さいときの吐水量を少なくして、節水を図る水栓である。

A 給水栓（蛇口）は、下図のように、ハンドルの回転によってスピンドル（回転する芯棒）が上下し、その下に付けられたコマ（ケレップ）下部のパッキン（ゴム）によって水量が調整される仕組みです。<u>節水コマは底部が広く、ハンドルを少し回した角度では、水量が抑えられます</u>（答えは〇）。

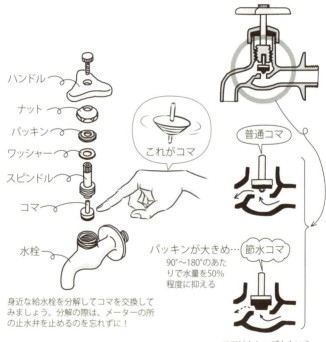

身近な給水栓を分解してコマを交換してみましょう。分解の際は、メーターの所の止水弁を止めるのを忘れずに！

コマはケレップともいう

答え ▶ 〇

★ R179 ○×問題　　　　　　　　　　　　　　　ガス給湯器

Q ガス給湯器の給湯能力は、1Lの水の温度を1分間に25℃上昇させる能力を1号として表示する。

A ガス給湯器の号数は、1Lの水の温度を1分間に25℃上昇させる能力です。24号は+25℃の湯を24L/min供給できるのでファミリー世帯向き、16号は16L/minでシングル向きです（答えは○）。

- スーパー記憶術 -

  <u>日光</u> で <u>水を温める</u>
  +25℃　　給湯能力

- 潜熱回収型ガス給湯器とは、器内で水蒸気が凝縮して水になるときに出る熱を回収して効率を上げる給湯器です。凝縮水は酸性なので、中和器で中性化してから排出されます。

答え ▶ ○

★ / **R180** / ○×問題　　　　　　　　　　　　　　　**都市ガスの種類**

Q 都市ガスの種類は、比重、熱量、燃焼速度の違いにより区分される。

A 都市ガスは、LNG（液化天然ガス）のメタンを主成分としたもので、比重、熱量、燃焼速度から、13A、12A、6A、5Cなどと区分されています（答えは○）。東京ガスは13Aを使っています。なおLPG（液化石油ガス）は一般にプロパンガスと呼ばれるもので、タンクに液体として入れて供給されます。

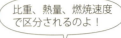
比重、熱量、燃焼速度で区分されるのよ！

都市ガスの規格

13　A

$\dfrac{熱量}{\sqrt{比重}}$ によって分類　　燃焼速度の区分

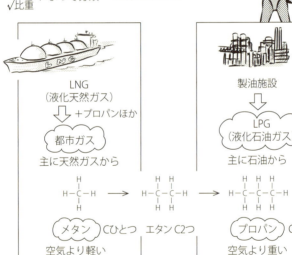

| LNG（液化天然ガス）
⇩ +プロパンほか
都市ガス
主に天然ガスから | 製油施設
⇩
LPG（液化石油ガス）
主に石油から |

H-C-H　→　H-C-C-H　→　H-C-C-C-H
（メタン Cひとつ）　エタン C2つ　（プロパン C3つ）

空気より軽い　　　　　　　　　空気より重い
（小さい分子）　　　　　　　　（大きい分子）

ガス感知器は天井近くに　　　　ガス感知器は床近くに
（天井から30cm以内）　　　　　（床から30cm以内）

LNG：Liquefied Natural Gas　　LPG：Liquefied Petroleum Gas

【惨事を防ぐガス感知器】
30cm以内

【　】内スーパー記憶術

答え ▶ ○

★ / R181 / ○×問題　　　　ヒートポンプ給湯機

Q 自然冷媒ヒートポンプ給湯機は、二酸化炭素などの自然冷媒を用い、大気から熱を得て高温の湯を貯湯する装置であり、ヒーターで湯を沸かす電気温水器に比べてエネルギー効率が高い。

A ヒーターは電気のエネルギーをそのまま熱に交換しているので効率は悪いですが、ヒートポンプは電気のエネルギーを熱（ヒート）を運ぶ（ポンプ）ことだけに使うので効率は高くなります（R078参照、答えは○）。二酸化炭素（CO_2）などの自然冷媒が主流になりつつあります。

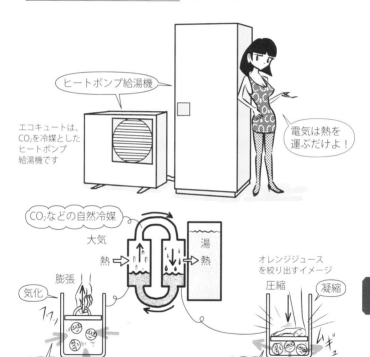

【蒸気 機関車 で 液体 を 引っ張る】
　　蒸発 → 圧縮 → 液化 → 膨張
　　　　　　　　（凝縮）

- ハイブリッド給湯システムとは、ヒートポンプと燃焼式加熱機をあわせもつシステム。ベース負荷をヒートポンプで、それを超える負荷をガス・石油などの燃焼で補います。

【　】内スーパー記憶術

答え ▶ ○

★ / **R182** / 　　　　　　　　　　　　　　　**給湯循環ポンプ**

Q 給湯循環ポンプは、中央給湯設備において配管内の湯の温度低下を防ぐために、湯を強制的に循環させるものである。

A 中央に置いた1台の加熱装置からすべての箇所に給湯する方式を、<u>中央給湯設備</u>といいます。中央給湯方式では、下図のように常に<u>貯湯槽の湯を給湯循環ポンプで循環させて、いつ給湯栓を開いても湯が出るようにします</u>（答えは○）。高温の湯では、レジオネラ菌なども発生しなくなります。

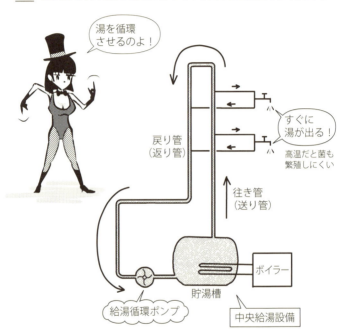

答え ▶ ○

★ R183 ○×問題　　　レジオネラ菌

Q 循環式の中央給湯設備において、給湯温度は、レジオネラ菌の繁殖を防ぐために、貯湯槽内で60℃以上、末端の給湯栓でも55℃以上に保つ必要がある。

A レジオネラ菌は、25～45℃で繁殖し、60℃以上で死滅します。貯湯槽で60℃以上、末端の給湯栓で55℃以上を確保します（答えは○）。アメリカの在郷軍人総会で多くの感染者、死者を出したので、レジオネラ菌感染症は在郷軍人病とも呼ばれます。その原因は、冷却塔内の循環水でした。

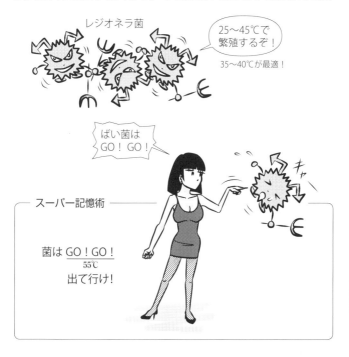

答え ▶ ○

R184 ○×問題　　膨張管（逃し管）その1

Q 膨張管（逃し管）とは、給湯設備において熱による水圧を逃がすためのものである。

A 水に熱が加わると膨張し、水圧が上がります。湯を循環させる以上の水圧が加わると、配管類が壊れる可能性も出てきます。そこで下図のような膨張管（逃し管：にがしかん）を給湯配管より上へ伸ばして、必要以上の水圧を逃がすようにします（答えは○）。

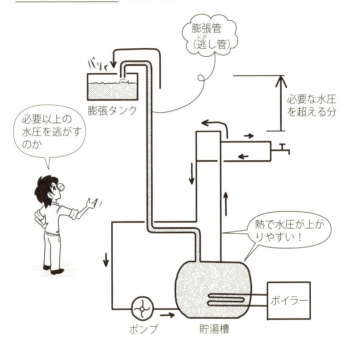

答え ▶ ○

★ R185 ○×問題　　　膨張管（逃し管）その2

Q 給湯設備における加熱装置と膨張タンクをつなぐ膨張管（逃し管）には、止水弁を設ける必要がある。

A 膨張管（逃し管）に止水弁を付けて、仮に弁が閉まることがあると、熱が加わった際に水圧が逃げるところがなくなってしまいます。配管や設備を壊す可能性があるので、膨張管に止水弁は設けてはいけません（答えは×）。

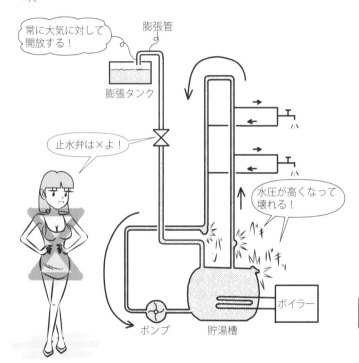

答え ▶ ×

★ **R186** ○×問題　　開放回路と閉鎖回路　その1

Q 大気に対して閉鎖した給湯システムでは、過剰な水圧を逃がすために、密閉式膨張タンクや逃し弁などを設ける。

A 給湯管を大気に開放しないで閉鎖回路とする場合、熱による膨張によって水圧が高まり危険です。閉鎖回路とする場合は、下図のように、密閉式膨張タンクや逃し弁を付けて、水圧を逃がします（答えは○）。

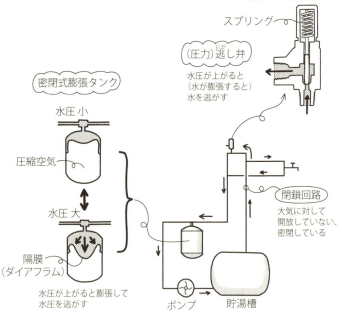

答え ▶ ○

★ R187 ○×問題　開放回路と閉鎖回路　その2

Q 給湯用ボイラーは基本的に開放回路であり、常に缶水が新鮮な補給水と入れ替わるため、閉鎖回路の空調用ボイラーに比べて腐食しにくい。

A 開放回路とは、下図の左のように、大気に開放されていて水の出入りのある回路。閉鎖回路とは、右のように、水の出入りがほとんどない回路です。缶水とはボイラー内部の水、ボイラーを通った水のことです。サビは水（H_2O）と酸素（O_2）によって、鉄（Fe）が赤サビ（Fe_2O_3）、黒サビ（Fe_3O_4）などになることです。新しい水には酸素が溶けていて、それが熱によって気泡になって配管表面に付着するので、サビやすく（腐食しやすく）なります（答えは×）。

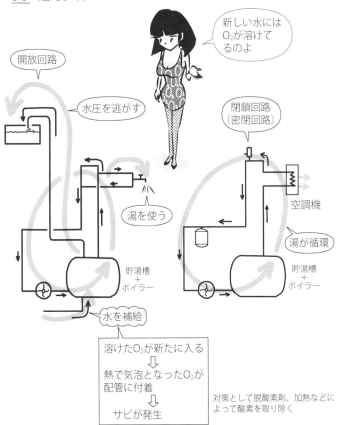

対策として脱酸素剤、加熱などによって酸素を取り除く

答え ▶ ×

★ **R188** 〇×問題　　　　　　　　　　　　　　　　　　　合流式

Q 公共下水道が合流式であったので、建築物内の雨水排水管と汚水排水管を別系統で配管し、屋外の排水ますで双方を接続した。

A 合流式とは、汚水＋雑排水と雨水を合流させて下水処理場へ一緒に流す公共下水の方式のことです。雨水管は屋外で、他の排水と排水ますで合流させます（答えは〇）。屋内で合流させると、逆流や臭い、虫が上がるなどの問題がおきます。

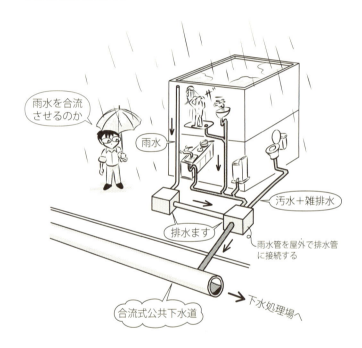

- 公共下水道へ排水する場合、排水温度を 45℃ 未満にしなければなりません。

【汚れた水】
45℃未満

【 】内スーパー記憶術

答え ▶ 〇

★ R189 ○×問題　　　　　　　　　　　　　　　　　　分流式

Q 公共下水道が分流式であったので、建築物内の雨水排水管と汚水排水管を別系統で配管し、屋外の排水ますで双方を接続した。

A 分流式とは、汚水+雑排水と雨水を分けて流し、汚水+雑排水は下水処理場へ、雨水は直接河川へ流す方式です（答えは×）。

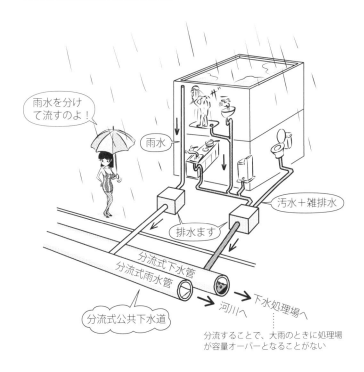

答え ▶ ×

★ **R190** ○×問題　　　　　　　　　　　　　　　　　　　　　敷地内浸透式

Q 公共下水道が雨水の敷地内浸透式であったので、屋外の浸透ますに雨水管を接続した。

A 大雨時の河川の氾濫や下水処理場の容量オーバーを防ぐため、敷地内で雨水を浸透ますや浸透管などで地面にしみ込ませるのが敷地内浸透式です（答えは○）。地域によっては義務付けられているところがあります。

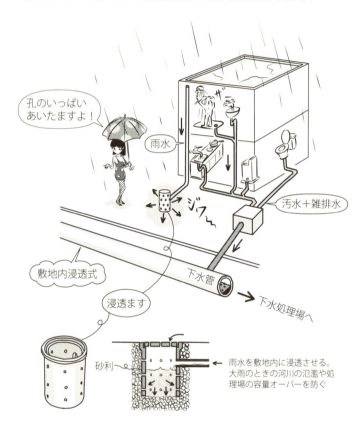

答え ▶ ○

★ R191 ○×問題　　　　　　　　　　　　合併処理浄化槽

Q 公共下水道が未整備の地域だったので、汚水、雑排水、雨水を合併処理浄化槽で処理し、U字溝に流した。

A 公共下水道が未整備のエリアでは、各戸が浄化槽で処理してU字溝などに流します。汚水だけ処理するのは単独処理浄化槽、汚水と雑排水を合併して処理するのを合併処理浄化槽といいます。雨水はそのままU字溝などに流し、浄化槽には流しません（答えは×）。単独処理浄化槽は、キッチンや浴室で使った洗剤やシャンプー、汚れなどを含む雑排水は処理しないので、河川の汚濁の原因となることから、禁止されています。現在では浄化槽といえば、合併処理浄化槽を指します。

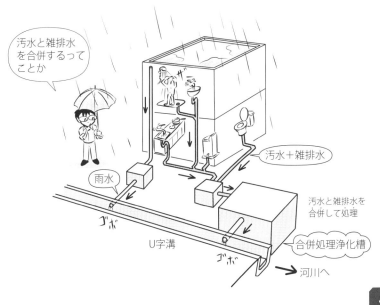

答え ▶ ×

★ **R192** まとめ　　　　　　　　　下水道方式のまとめ

公共下水道の方式を、ここでまとめておきます。未整備を含めると、大きく分けて以下の4通りになります。

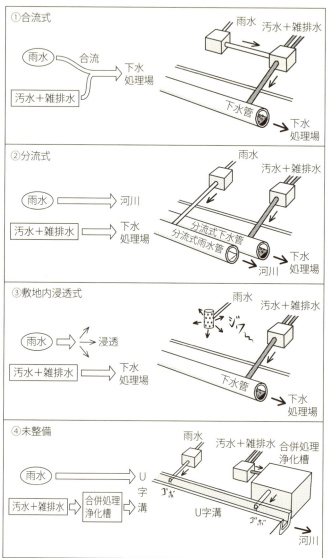

★ R193 ○×問題　　　　　　　　　　　　排水ます　その1

Q 敷地内に埋設する排水管の合流箇所や方向変換箇所などには、排水ますを設ける。

A 排水ますは、下図のように、立て管からの流れを受けるところ、合流するところ、方向転換するところ、中継するところ、敷地から出るところに設けます（答えは○）。排水は給水のように水圧がかかっておらず、重力によって流すため、空気が入って流れやすいようにする必要があります。また排水はゴミ、ホコリ、汚物などが混ざるため、掃除が必要となります。そのためにますを設けなければなりません。

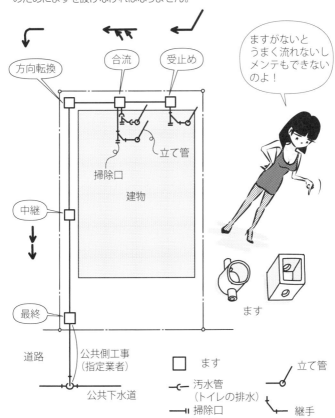

- 排水ますの間隔は、管径の120倍以内。たとえば径200mm（0.2m）では、$0.2 \times 120 = 24$m以内。

答え ▶ ○

R194　○×問題　　　　　排水ます　その2

Q 汚水管の合流、方向転換の箇所には、インバートますを用いる。

A インバートますとは、下図のように底に溝がつくられていて、汚物を含んだ水が流れやすいように工夫されたますです。汚水と雑排水のますに使います（答えは○）。

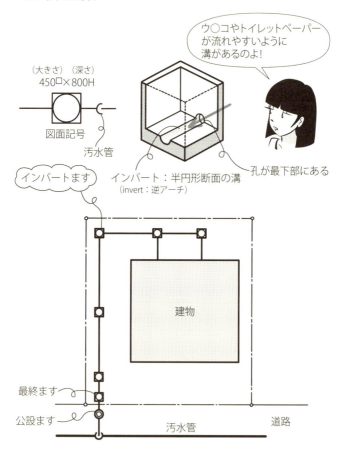

- インバート（invert）は上下逆にするという意味で、インバートますはアーチを逆にした形のますという意味。インバーター（inverter）は直流を交流に変える、または交流の周波数を変える変換器です。インバーター付エアコンは、周波数を変えてモーターの回転数を変えます（**R043**参照）。

答え ▶ ○

★ R195 ○×問題　　　　　　　　　　　　排水ます　その3

Q 分流式公共下水道の雨水専用管（分流雨水管）に雨水排水管を接続する場合には、トラップますは設置しない。

A 雨水を汚水+雑排水と分けて流す分流式公共下水道（R189参照）の場合、臭いが上がる心配がないので、トラップの付いていない雨水ますを使います（答えは○）。

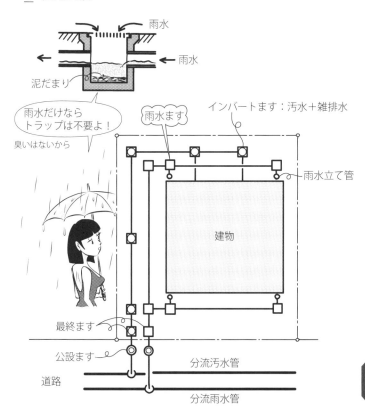

- 雨水管の管径は、最大雨量の10分間値から求めます。1時間値では均されて、低めに算定されてしまい、大雨時にあふれる可能性があります。

答え ▶ ○

★ R196 ○×問題　　　排水ます　その4

Q 雨水排水管（雨水排水立て管を除く）を敷地内の汚水排水管に接続する場合には、トラップますを設ける。

A 洗面、洗濯などの雑排水、雨水などを、し尿を流す汚水管につなぐには、下図のようなトラップます（雨水用トラップます）で合流させます（答えは○）。汚水からの臭いや虫が上がらないようにするためです。

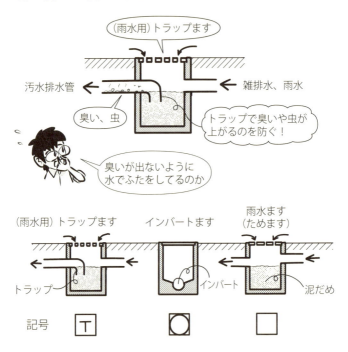

trap：わな、落とし穴が原義。水を封じ込めることで、臭気が上がらないように工夫した排水装置

invert：逆にする、逆アーチが原義。逆アーチ状の溝を底につくり、固形物がスムーズに流れるように工夫した排水装置

答え ▶ ○

R197 ○×問題　排水管　その1

Q 中高層建築物の場合、1階の衛生器具からの排水管は、単独で屋外の排水ますに接続する。

A 1階の排水管を上階からの排水立て管に接続すると、上で流したときに空気が圧縮されて気圧が高くなり、トラップの封水が噴き出すことがあります。1階の排水管は、上階からの排水管とは切り離して、単独で屋外の排水ますに接続します（答えは○）。

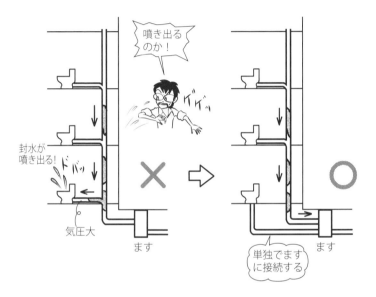

答え ▶ ○

★ / R198 / ○×問題　　　　　　　　　　　　排水管　その2

Q 自然流下式の管径は、上層階よりも下層階を大きくする。

A 上に行くほど細くする配管（タケノコ配管）では、細い管に空気が入りにくくなり、排水が流れにくくなります。<u>排水量の多い最下層階と同径で、上まで立ち上げなければなりません</u>（答えは×）。

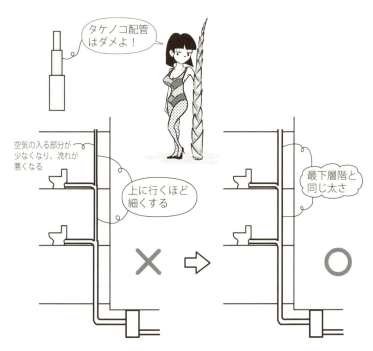

答え ▶ ×

★ R199 ○×問題　　　　排水管　その3

Q 排水枝管の管径は、これに接続する器具排水管の管径以上とする。

A 排水横枝管（よこえだかん）は、排水立て管を幹として、枝のように横に張り出す管です。排水横枝管の管径は、各器具の管径以上とします（答えは○）。下図の例では、器具の管径が40mm、75mmなので、横枝管の管径は75mm以上とします。最終的に管径は、器具の負荷や流量などで決定します。実際に管径を決めるには、各器具の負荷単位を足し算する方法、流量を足し算する方法の2種があります。

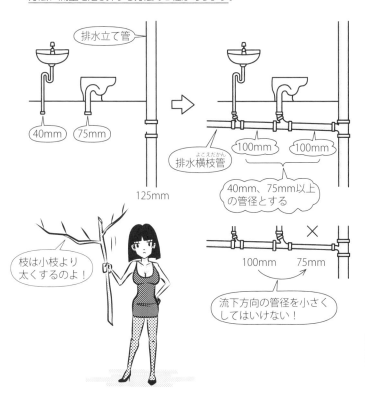

答え ▶ ○

★ **R200** ○×問題　　　　　　　　　　　　　　　　　排水管　その4

Q 排水横枝管の勾配を、管径100mmでは1/100以上とした。

A 排水横枝管の勾配は、管径65mm以下で1/50以上、75mm、100mmで1/100以上、125mmで1/150以上とされています（答えは○）。勾配の目安は「1/管径(mm)」です。緩い勾配だと流れにくいのは直感的にわかりますが、急勾配にすると流速は大きくなり、水が先に流れて汚物が滞留してしまいます。排水管の管径から勾配を決める計算法が、考案されています。

管径(mm)	勾配
65以下	1/50以上
75、100	1/100以上
125	1/150以上
150以上	1/200以上

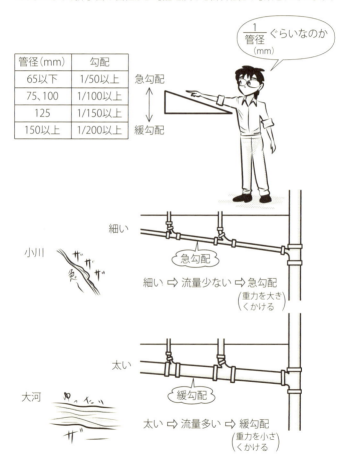

答え ▶ ○

★ R201 参考知識　　排水管　その5

排水管の管径を求めるには、負荷単位を合計する方法と、排水量を合計する方法があります。各器具の負荷単位、排水量 $w(L)$、器具平均排水間隔 $T_o(s)$ は表が用意されています。左下の器具配置での計算例を示します。

表から器具排水負荷単位を求める

表から器具排水量 $w(L)$ 器具平均排水間隔 $T_o(s)$ を求める

系統ごとに合計

下図の例で計算

横枝管：$3\times\underline{1}+6\times\underline{3}+4\times\underline{2}=29$
立て管：$29\times\underline{2}=58$

（下線の1,3,2は器具数、2は横枝管2本が合流）

器具定常流量 $\bar{Q}=\dfrac{w}{T_o}$ を系統ごとに合計
（常に流れ続ける場合の流量）

40/600　13/220　5/160
‖　　　‖　　　‖
0.067　0.059　0.031

横枝管　$0.067+3\times0.059+2\times0.031=0.306$
立て管　$0.306\times2=0.612$

表から管径を決定

	負荷単位	管径
横枝管：	29	→ 100mm
立て管：	58	→ 100mm

グラフから管径を決定

（横枝管、立て管、横主管別、通気方式別にグラフがある）

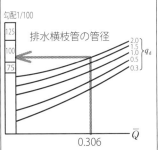

器具が2種以上では、q_d 中最大の値を使う。
掃除流しの $q_d=2.0$ が最大。

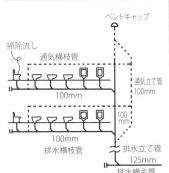

参考：係数は、空気調和・衛生工学会編『給排水衛生設備計画設計の実務の知識』2010年より

★ / **R202** / ○×問題　　　　　　　　　　　　　排水管　その6

Q 設備縦シャフト (PS) の寸法は、配管の施工、点検、修理、更新作業が安全、容易に行えるように計画するとともに、配管の更新時の予備スペースを考慮する。

A PSは立て管を集めたパイプスペースで、メンテナンスや増設のために大きめのスペースとし、点検用扉を付けておきます（答えは○）。

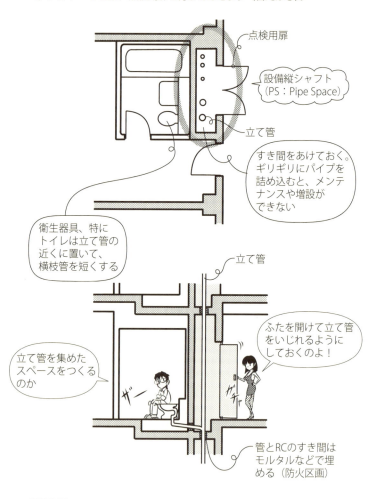

答え ▶ ○

★ R203 ○×問題　　　排水管　その7

Q 排水管の掃除口は、配管の曲がり部分などに設けるとともに、管径が100mmを超える配管には30m以内に設けた。

A 排水管は、給水管と違って汚物が詰まりやすく、要所に掃除口を設ける必要があります。曲がりの部分、径100mm超は30m以内、径100mm以下は15m以内に掃除口を設けます（答えは○）。

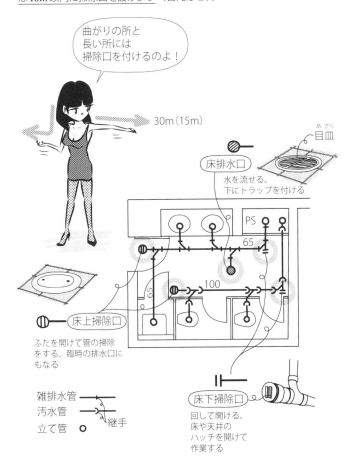

答え ▶ ○

★ / R204 / ○×問題　　　　　　　　　　　　　　排水槽　その1

Q 排水の位置が公共下水道より低かったので、建物内最下部に排水槽を設け、排水ポンプで汲み上げた。

A 地下階で排水が公共下水道よりも低い場合、重力によって流すことはできません。下図のように建物最下部に<u>排水槽をつくり、ポンプで上げます</u>（答えは○）。

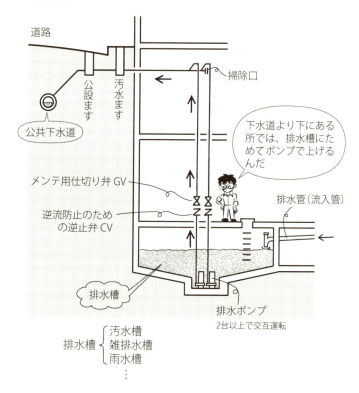

GV：Gate Valve　仕切り弁
CV：Check Valve　逆止弁
gate：門　check：せき止める

答え ▶ ○

R205 ○×問題　　　排水槽 その2

Q 1. 排水槽の底部には吸込みピットを設け、底面はピットに向かって下がり勾配とする。
2. 排水槽に設けるマンホールは、有効内径60cm以上とする。

A 排水槽底部には、下図のような吸込みピット(ポンプピット、釜場)をつくり、そのピットに向けて勾配を付けます(1は○)。有効内径60cm以上のマンホールとタラップ(はしご)を設けて、メンテナンスを可能とします(2は○)。通気管を付けるのは、槽内の空気を大気圧に保ち、流れをよくするためです。

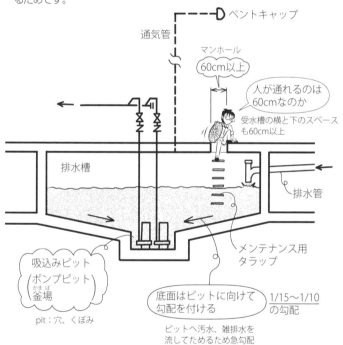

- 地下ピットの排水槽に排水を長時間滞留させると、硫化水素(H_2S)を主とする悪臭が出ます。即時排水型ビルピット設備とは、小さな排水槽に入ると即時に下水道に排水して悪臭を防ぐ設備です。

答え ▶ 1. ○　2. ○

R206　〇×問題　　　　　　　　　　吐水口空間

Q 1. 吐水口空間とは、給水栓の吐水口端とその水受け容器のあふれ縁との垂直距離をいう。
2. 吐水口空間を設けることができない衛生器具には、その器具のあふれ縁よりも高い位置に自動空気抜き弁を設ける。

A ① 水栓と水を受ける側の間には、必ず下図のように吐水口（とすいこう）空間を設けます（1は〇）。

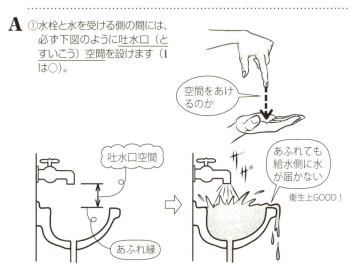

② 吐水口空間が設けられない場合は、バキュームブレーカーを設けます（2は×）。

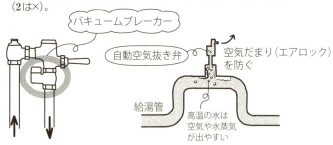

自動空気抜き弁は、給湯管の凸部に空気がたまって、流れを悪くする空気だまり（エアロック）を防ぐために設ける器具です。

答え ▶ 1. 〇　2. ×

★ R207 ○×問題　　　　　　　　　　　　　間接排水　その1

Q 間接排水の目的は、汚水や臭気などの逆流、浸入防止である。

A 給水側から直接排水側に接続せず、吐水口空間や排水口空間でいったん大気に開放した後に間接的に排水するのが間接排水です。汚水や臭気が給水側に入らないようにする工夫です（答えは○）。吐水口空間をあけた洗面器や排水口空間をあけた受水槽のオーバーフロー管（R165参照）が間接排水の代表例です。

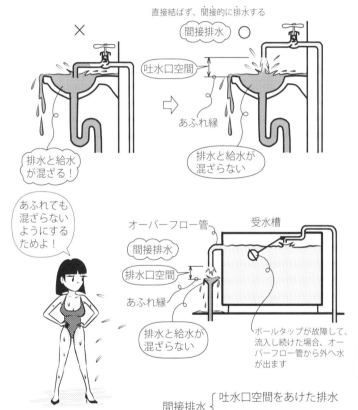

間接排水 ｛ 吐水口空間をあけた排水 / 排水口空間をあけた排水 ｝

- 給水管の下の空間が吐水口空間、排水管の下の空間が排水口空間です。

答え ▶ ○

R208 ○×問題　　　間接排水　その2

Q 業務用冷蔵庫の排水は、一般排水系統の配管に直接接続する。

A 冷蔵庫では冷えた空気中の水蒸気が結露します。家庭用では皿にためて、廃熱で蒸発させています。大型の冷蔵庫での排水は、排水が逆流しないように、間接排水とします（答えは×）。水受けから5〜15cm程度、排水口空間をとります。装置内に仕込んだり、トラップと兼用にしたりして間接的に排水管とつなぎます。

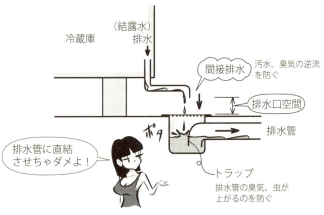

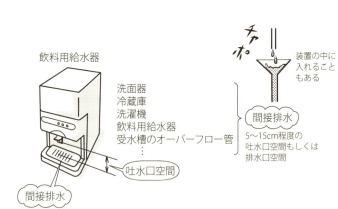

答え ▶ ×

R209 ○×問題　　　　　間接排水　その3

Q 間接排水を受ける水受け容器には、排水トラップを設ける。

A トラップ（trap）とは「わな」が原義で、水をS字管などの「わな」にかけてためて、臭いや虫が室内へ上がらないようにする工夫です。間接排水の水受け容器の代表例は、洗面器です。洗面器の下には必ずトラップを付けます（答えは○）。トラップにためられた水は封水（ふうすい）と呼び、封水が蒸発や負圧などで切れることを破封（はふう）といいます。

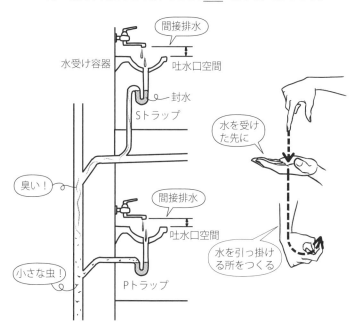

- 筆者は、便器の封水が切れた物件を見たことがありますが、部屋中に大量の小さな羽虫が散らばっていて驚かされました。

答え ▶ ○

★ / R210 / ○×問題　　　　　　　　　　　　　　　　通気管　その1

Q 1. 通気管は、排水管内の圧力変動を緩和するために設ける。
2. 通気管は、排水トラップの封水を保護することができる。

A 排水の流れに押される空気は気圧が上がり（正圧）、引っ張られる空気は気圧が下がり（負圧）、排水を流れにくくし、トラップの封水を噴き出させたり引き込んだりします。通気管（ベントパイプ）を付けると、空気が出入りして大気圧を保持し、流れはスムーズになり、封水を壊す（破封）こともなくなります（1、2は○）。しょうゆ差しの空気穴のように、通気管をつないで空気を出し入れして、排水の流れをスムーズにします。

ベント
vent：通気口
ベントパイプ
vent pipe：通気管
ベントキャップ
vent cap：通気口から雨水が入らないようにするふた（キャップ）

答え ▶ 1. ○　2. ○

R211 ○×問題　通気管　その2

Q 通気立て管の下部は、最低位の排水横枝管より高い位置において、排水立て管に接続する。

A 通気管（ベントパイプ）は排水管の所々につないで、排水管内を大気圧に保ち、流れをスムーズにする役目を担います。排水の流れの下では空気が圧縮されて大気圧より高く（正圧に）なりやすく、上では空気が引っ張られて大気圧よりも低く（負圧に）なりやすくなります。最低位の排水横枝管より上に通気管をつなぐと、圧縮された空気の逃げ道がなくなるので、下につなぎます（答えは×）。

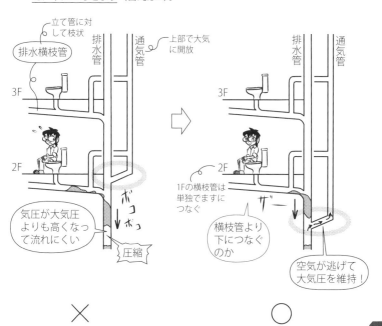

答え ▶ ×

★ R212　○×問題　　　　　　　　　　　　　　　　　通気管　その3

Q 雨水排水立て管は、通気立て管と兼用してはならない。

A 雨水排水立て管を通気立て管と兼用すると、大雨のときに途中で詰まった場合、衛生器具から雨水が噴き出てきます。また管が雨水でいっぱいとなると、空気の出入りができなくなり、排水の流れが悪くなります。よって<u>雨水立て管と通気立て管は、兼用することができません</u>（答えは○）。

答え ▶ ○

★ R213 ○×問題　　　通気管　その4

Q 排水立て管の上部を伸頂通気管として延長し、大気中に開放した。

A 排水立て管の頂部を伸ばして簡易的な通気管としたのが伸頂通気管です（答えは○）。多くの排水が同時に流れる大型の建物には使えません。大気への出口では、臭いが出るのを防ぐため、負圧のときのみ開く通気弁（ドルゴ通気弁）を付けるなどの対策をします。

- 通気弁（ドルゴ通気弁）は、排水が流れやすいように、洗面器下や浴槽下のトラップ近くに付けることがあります。

答え ▶ ○

R214 ○×問題　　通気管　その5

Q 排水立て管の上部を延長して設ける伸頂通気管の管径は、排水立て管の管径より小さくしてはならない。

A 排水立て管を、そのままの径で伸ばして伸頂通気管とします。空気だけ通すからと細い管で延長すると、空気が入りにくく、負圧となりやすくなってしまいます。排水立て管と同様に、伸頂通気管もタケノコ配管（R198参照）としてはいけません（答えは○）。逆に排水管の径以上ならばOKです。

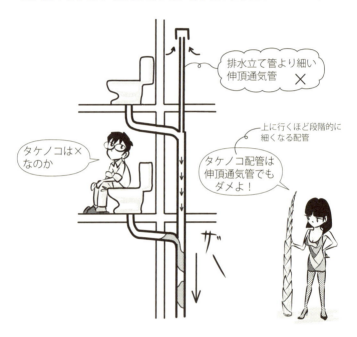

答え ▶ ○

★ R215 ○×問題　　　通気管　その6

Q 通気横管は、その階の最も高い位置にある衛生器具のあふれ縁より10cm上方で横走りさせた。

A 通気横管をあふれ縁の高さに近付けると、通気管内に排水が流れる危険があります。通気管の横管の高さは、あふれ縁よりも15cm以上高くするとされています（答えは×）。

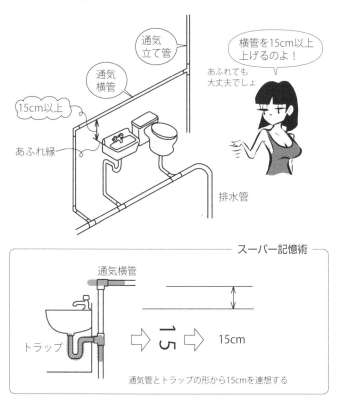

答え ▶ ×

★ **R216** ○×問題　　　　通気管　その7

Q 通気管の末端は、窓などの開口部付近に設ける場合、当該開口部の上端から60cm以上立ち上げるか、または当該開口部から水平に3m以上離す。

A 通気管の末端、通気弁からは、臭いが出ます。そこで下図のように、周囲の窓から、<u>水平方向では3m以上、垂直方向では60cm以上離さねばなりません</u>（答えは○）。

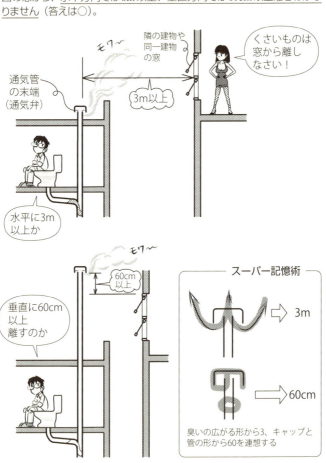

答え ▶ ○

★ R217 ○×問題 — 通気管 その8

Q 屋上を庭園にする計画であったので、屋上に開口する通気管は、屋上から3m立ち上げた位置で大気中に開放した。

A 屋上庭園、運動場、物干し場に通気管を出す場合は、臭いが気にならないように、<u>屋上から2m以上立ち上げます</u>。人の高さより高い位置と覚えておきましょう（答えは○）。

- Point

通気管の末端（通気弁）
- 窓……
  - 水平距離<u>3m以上</u>
  - 垂直距離<u>60cm以上</u>（末端の方が上）
- 屋上庭園…高さ<u>2m以上</u>

答え ▶ ○

★ **R218** ○×問題　　　　　　　　　　　　　通気管　その9

Q 伸頂通気管方式において、排水立て管と排水横枝管との接続に特殊継手を用いることにより、高い排水通気性能を獲得することができる。

A びんの中の水を出すのに、グルグル回すと、渦になって中央から空気が通り、流れやすくなります。これを応用したのが特殊継手で、中高層マンションの伸頂通気方式で広く使われるようになりました（答えは○）。旋回させる方式のほかに、立て管を継手手前で曲げて減速させる方式などもあります。

- 特殊継手を使うとスラブ上で、汚水管、雑排水管（雑排管：ざっぱいかん）などの複数の管を同一高さで接続できます。分譲マンションは区分所有で、RCスラブ上が区分所有権の範囲です。配管もスラブ上で行うのが原則となります。

答え ▶ ○

R219 ○×問題　　通気管　その10

Q ループ通気方式とは、2個以上のトラップを保護するため、排水横枝管最上流の器具のすぐ下流側に1本の通気管を付ける方式である。

A オフィスビル、学校などの多くの器具を排水横枝管に接続する場合、1本の通気管を最上流の器具のすぐ下流側に付けて排水管と合わせてループ状にするループ通気方式がよく使われます。各個通気方式に比べて、コストがかかりません（答えは○）。

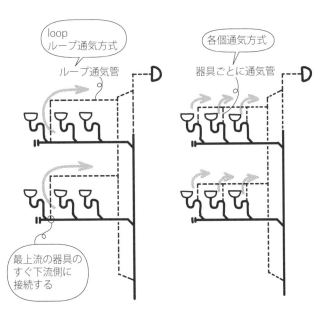

loop：輪のこと。通気管＋排水管が輪になっている

答え ▶ ○

★ / R220 / ○×問題　　　　　　　　サイホン式排水

Q サイホン式雨水排水システムは、特殊な形状のルーフドレンによりサイホン現象を発生させ、多量の雨水を排水する方式で、一般に、従来方式と比較して雨水排水管の口径を小さくすることができる。

A サイホン式排水とは、雨水や雑排水をサイホン作用の力を使って吸い出すように排水するシステムです。サイホン作用とは、水が落ちる重力によって吸い出す作用です。サイホン力を使うため、従来の方式よりも管径を小さくできます（答えは○）。

　従来の排水では、排水管内を負圧にしないように、いかに空気をなめらかに入れるかを工夫しましたが、サイホン式排水では空気を入れずに、サイホン力で水を一気に吸い出します。雨水管、雑排水管で製品化されています。サイホン式排水を使うと、管径を小さくでき、水平配管も可能となり、床下の寸法を小さくできます。

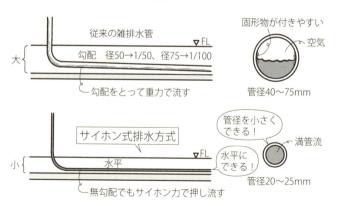

答え ▶ ○

★ R221 ○×問題　　　　　トラップ　その1

Q 排水トラップの封水の深さは、5〜10cmとする。

A 封水深（ふうすいしん）は浅いと、蒸発してすぐになくなってしまいます。また、排水管内の負圧で引っ張られても、すぐになくなります。深いと流れにくくなって、汚物がたまりやすくなります。<u>封水深は5〜10cmが最適</u>とされています（答えは○）。

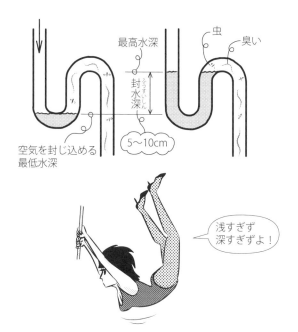

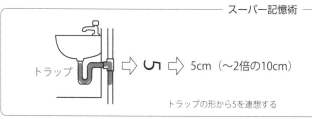

答え ▶ ○

★ R222 ○×問題　　トラップ　その2

Q 排水管からの臭いがきつかったので、トラップを二重に設けることとした。

A 二重トラップとすると、トラップ間に空気が閉じ込められてしまいます。その空気が正圧となると水を押し、負圧となると水を引っ張り、排水口から空気が入ったり出たりして、封水が吸い出されたり、水が流れにくくなったりします。二重トラップは原則不可です（答えは×）。どうしても二重トラップになってしまう場合は、トラップ間に通気管を付けて、空気が閉じ込められないようにします。

答え ▶ ×

★ R223 ○×問題　　　トラップ　その3

Q Sトラップは、Pトラップに比べて、自己サイホン作用による封水損失をおこしやすい。

A サイホン作用とは、U字管を逆にした管が満水になり、管の先が水面より下になったときに水が吸い出される作用のことです。排水が自分でサイホン作用をおこすので、自己サイホン作用ともいいます。Sトラップは、Pトラップに比べて管が下に伸びるので、サイホン管を形成しやすくなります。排水管が満水になると、封水ごと流れてしまう破封がおこりやすくなります（答えは○）。大量の排水を流すところでは、ドラムトラップとするなどの対策を講じます。

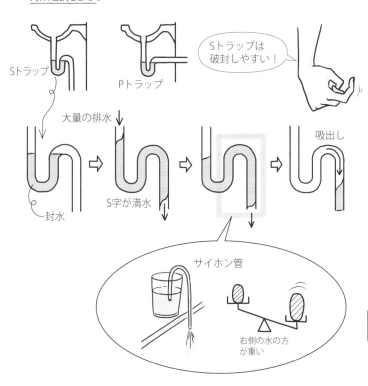

- 蒸発や自己サイホン作用のほかに、負圧による吸出し作用、正圧による跳出し作用、髪の毛などのすき間による毛細管現象などによっても破封します。

答え ▶ ○

★ **R224** ○×問題　　　トラップ　その4

Q 床排水に使用されるわんトラップは、清掃の際にわんが取り外されたまま使用されると、悪臭や害虫が侵入するおそれがある。

A わんトラップは、下図のように、わんを<u>上からかぶせた所に水をためて、排水管との空気を断つ仕組み</u>です。わんを外したままにすると、臭いや虫が上がってきます（答えは○）。わんを上向きにした逆わんトラップは、<u>横に排水をとるので高さがいらず、ユニットバスや洗濯機パンなどに使われます</u>。

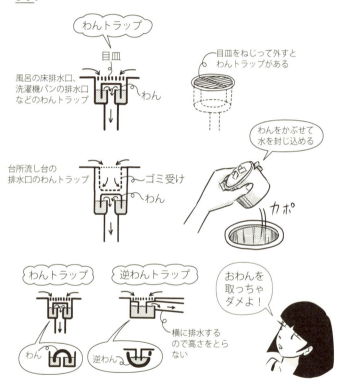

答え ▶ ○

★ R225 ○×問題　　　　　　　　　　　グリース阻集器　その1

Q 飲食店の厨房の排水系統に設けるグリース阻集器は、排水管からの臭気を厨房内に出さないことを主な目的として設置される。

A グリース阻集器は、厨房からの油や残りかすが排水管を詰まらせたり、公共下水道に流れるのを防ぐために設けます（答えは×）。油の比重は0.8 ～ 0.9程度で水（1.0）よりも軽く、水に浮く性質を使って槽の中に浮かせて取ります。排水管との接続部にはトラップも付いています。グリーストラップと呼ばれることもありますが、目的は油やゴミを取り除くことが主です。似たものにオイル阻集器がありますが、これはガソリンスタンドや自動車車庫に設ける、ガソリンを取るための器具です。

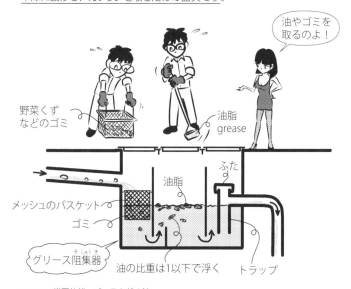

grease：半固体状、ペースト状の油

― Point ―
　　グリース阻集器 ⇨ 業務用厨房
　　オイル阻集器 ⇨ ガソリンスタンド、自動車車庫

【グリース阻集器はグリーンを取る】
　　　　　　　　　　　野菜くず

【　】内スーパー記憶術

答え ▶ ×

R226 ○×問題　　グリース阻集器　その2

Q 厨房排水において、グリース阻集器が有するトラップは、油脂により機能が保てなくなる可能性があったので、さらに臭気防止用のUトラップを設けた。

A グリース阻集器の水の出口には、排水管から臭いや虫が上がらないように、トラップが付けられています。さらにUトラップを設けると、<u>二重トラップ</u>となって空気を閉じ込めてしまいます。その空気が正圧や負圧になると、水が流れにくくなってしまいます（答えは×）。

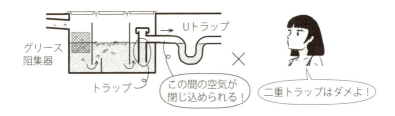

トラップまとめ

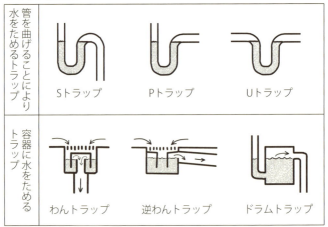

- <u>ディスポーザ</u>（生ゴミ破砕機、dispose：処分する）は、キッチン流しに設置して生ゴミを破砕し、水と共に排水します。排水中のBOD（R229参照）は基準値以下にします。

答え ▶ ×

★ R227 ○×問題　　トイレの洗浄方式　その1

Q 大便器の洗浄方式は、サイホン式が主流になりつつある。

A サイホン作用によって水を引き込むサイホン式、大便器の縁から下に水を流す洗落とし式は、水を多量に使うので使われなくなっています（答えは×）。代わりに水の使用量が少なく、音の静かな旋回流（渦巻き）による洗浄方式に統一されつつあります。旋回流（渦巻き）は、メーカーによってトルネード、ボルテックスなどの名称が付けられています。

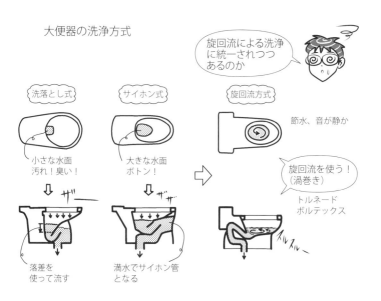

大便器の洗浄方式

- JISにおいて、大便器では使用水量が8.5L以下をⅠ形、6.5L以下をⅡ形、小便器では4.0L以下をⅠ形、2.0L以下をⅡ形としています。使用水量はメーカーカタログによると、大で4.8L程度、小で3.6L程度と、従来の便器よりも格段に節水化が進んでいます。

答え ▶ ×

★ **R228** ○×問題 トイレの洗浄方式　その2

Q 大便器の給水方式におけるロータンク式は、連続して使用することができないので、不特定多数が利用する便所には適さない。

A

学校、図書館、事務所、劇場など

ロータンク式は、タンクを大便器に近い高さに付けた方式で、天井近くに付けるハイタンク式よりもメンテナンスや工事が楽です。水がたまるまで流せないので、大人数が使う学校や事務所には向かず、住宅やマンションなどで使います（答えは○）。大人数が使う場合は、フラッシュバルブ式を使います。

答え ▶ ○

R229 ○×問題　BOD　その1

Q BODとは生物化学的酸素要求量のことであり、水質汚濁を評価する指標のひとつである。

A 汚水や雑排水に含まれる有機物は、微生物が酸化分解します。その際に必要となる酸素量が、BOD（生物化学的酸素要求量）です（答えは○）。

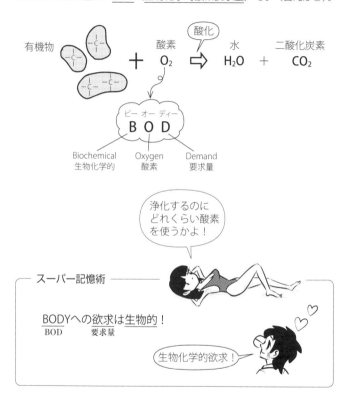

答え ▶ ○

★ **R230** ○×問題 BOD その2

Q 生物化学的酸素要求量（BOD）の単位は、mg/Lかppmである。

A 1Lの水を浄化するのに何mgの酸素が必要となるかがBODで、単位は<u>mg/L</u>となります。質量／体積で正確には比ではありませんが、水1L＝1000cm³は1000gなので、1mg/L＝1<u>ppm</u>と置き換えられます（答えは○）。

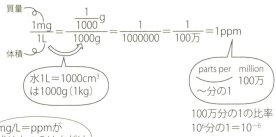

― スーパー記憶術 ―

<u>パ</u><u>パ</u><u>無</u>理！<u>ミリオネア</u>になるのは
 p　p　m　　　100万分の1

- 公共下水道へ排水する場合、BODを基準値以下にするほかに、<u>排水温度を45℃未満</u>としなければなりません。

【<u>汚れた水</u>】
45℃未満

【 】内スーパー記憶術

答え ▶ ○

242

★ R231 ○×問題　電流、電圧、抵抗

Q 電流 I（単位は A：アンペア）、電圧 V（単位は V：ボルト）、抵抗 R（単位は Ω：オーム）の関係は、電流＝抵抗／電圧である。

A 電流は、水流にたとえると理解しやすくなります。抵抗が小さいと流れは多くなり、抵抗が大きいと流れは少なくなります。流れは抵抗に反比例し、電圧と電流の関係式で表すと抵抗は分母にきます（答えは×）。

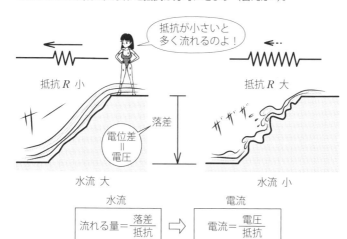

落差（高低差）は電位差＝電圧に対応し、落差が大きいと流れは多くなり、落差が小さいと流れは少なくなります。流れる量は落差に比例し、落差は分子にきます。抵抗と合わせると、流れる量＝落差／抵抗となります。電流＝電圧／抵抗の式は、オームの法則といいます。

$$単位[A] = \frac{[V]}{[\Omega]}$$

$$記号\quad I = \frac{V}{R} \quad \cdots\text{Resistance}$$

比例定数が1となるように単位を調整されている

レジスタンス運動とは、元々はナチスに対する抵抗運動

答え ▶ ×

★ **R232** ○×問題   電力 その1

Q 電力とは電流のする仕事の効率で、電圧 V ×電流 I で求められる。

A 水流がもつエネルギー、1秒間にする仕事、すなわち仕事率は、落差×流量に比例します。落差が2倍、流量が2倍になると、水流のエネルギーは4倍となります。電流の仕事率、すなわち電力も、電圧×電流で求められます（答えは○）。

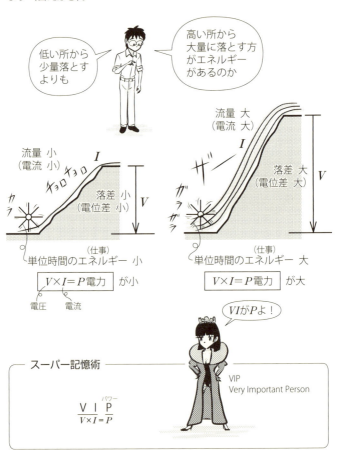

答え ▶ ○

★ R233 ○×問題　　電力　その2

Q W（ワット）は電力の単位、Wh（ワットアワー）は電力量の単位である。

A 1N（ニュートン）の力で1m動かす仕事の量が1J（ジュール）です。1Jの仕事ができることを1Jのエネルギーをもつといいます。1秒（second）に1Jの仕事をする仕事率を1W（ワット、J/s：ジュール毎秒）といいます。電流の仕事（エネルギー）は電力量、電流の仕事率は電力といいます。50Wの電球は、毎秒50Jの仕事をし、毎秒50Jのエネルギーを消費します。毎秒50Jの電気エネルギーが、光と熱のエネルギーに変わります。

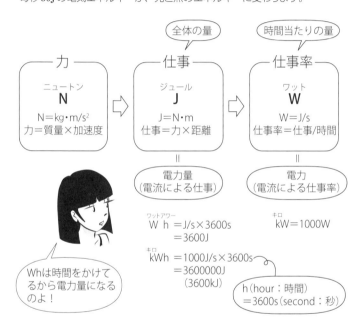

Wh（ワットアワー）は、一見、電力の単位に見えますが、仕事率に時間（h=3600s）をかけているので、仕事（エネルギー）＝電力量の単位です（答えは○）。50Wを2時間使う電気のエネルギー量は、50W×2h＝100Wh＝100 J/s·3600s＝360000J＝360kJとなります。

答え ▶ ○

R234 ○×問題 電力 その3

Q 電力の供給において、負荷容量、電線の太さ、長さが同一であれば、配電電圧を低くする方が、配電線路における電力損失は少なくなる。

A 往復の電線では、抵抗をゼロとすることはできません。抵抗 r で、電流 I とすると、I^2r の電力損失がおきます。<u>電力損失を少なくするには、変圧器（トランス）で電圧を上げ、電流を下げます。電圧×電流＝電力は一定なので、電圧を上げれば電流は下がります</u>（答えは×）。同じ100Wで1Aの場合と0.1Aの場合で、抵抗 $2r$ での電力損失は $2r(W)$ と $0.02r(W)$ の違いとなります。

抵抗 r による電力損失
$= V_r \times I$
　抵抗rによる　電流
　電圧降下
$= (Ir) \times I$ 　　$\left(I=\dfrac{V_r}{r}$から $V_r=Ir$を代入 $\right)$
$= I^2r$

（ジュール熱と呼ばれる損失）

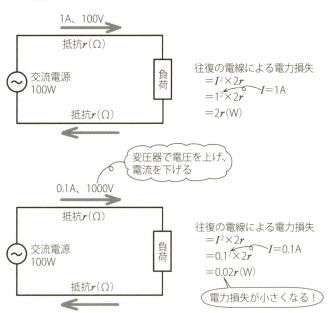

- 配電：発電所から需要家の所まで電気を配ること。
- 電力損失 $V_r \times I$ の V_r は、全体の電圧ではなく、抵抗での電圧降下なので注意してください。全体の電圧降下 V の一部として V_r があります。

答え ▶ ×

★ R235　○×問題　　　　電力　その4

Q 電線の太さと長さが同一の場合、3相3線式 400V の配電方式より3相3線式 200V の配電方式の方が、大きな電力を供給できる。

A 電線の太さ、長さが同一の場合、すなわち電線の抵抗が同一のとき、電力損失は電流の2乗に比例します。よって電流はあまり大きく動かせません。電力＝電圧×電流の式で、電流を一定にして電圧を2倍にすると、電力も2倍となり、大きな電力を供給することができます（答えは×）。

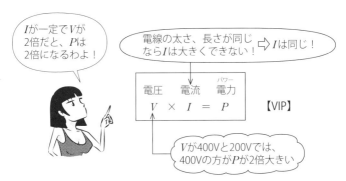

3相3線式の場合、3本の線で位相が120°ずれた電流を送ることができます。電流を I、各線の抵抗を r とすると、ジュール熱による発熱損失は、$3 \times I^2 r$ となります。

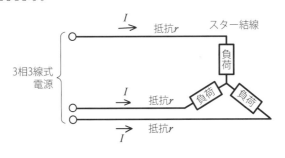

電力損失 ＝ $3 \times I^2 r$

- スター結線は上図のような星形の結線、デルタ結線は負荷を三角形にした結線。電動機（モーター）のスターデルタ始動方式は、始動時にスター結線、モーターが加速してからデルタ結線にして電流の急な増加を抑えます。

【　】内スーパー記憶術

答え ▶ ×

★ R236 ○×問題

Q 交流における電流、電圧の実効値は、ある抵抗を流れるときに発生する熱量と同量の熱量を出す直流の電流、電圧の値である。

A 交流は下図のように、電流 i、電圧 v が刻々と変化します。プラス、マイナスに同じように変化するので、平均をとって電流の代表値 I としようとすると、ゼロになってしまいます。

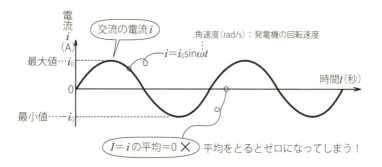

マイナスがあるから平均するとゼロになってしまうので、電流 i を2乗して、その平均、$i_0^2/2$ を考えます。

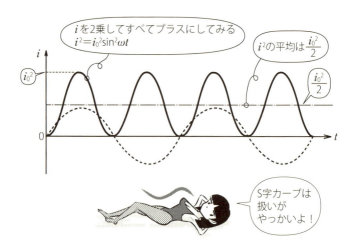

- $\sin\omega t$ の2乗は $(\sin\omega t)^2$ ではなく $\sin^2\omega t$ と表記します。$\sin(\omega t)^2$ とすると $(\omega t)^2$ のサインという意味になってしまうからです。

実効値 その1

下のi^2のグラフで、AをA'に移動し、BをB'に移動しても、i^2のグラフと横軸が囲む面積は同じです。i^2のグラフのサインカーブと横軸の面積は、ならすと$i_0^2/2$の高さの面積と同じです。すなわちi^2の平均は、$i_0^2/2$となります。i^2の平均値$i_0^2/2$を、交流の実効値Iの2乗と置きます。$i_0^2/2 = I^2$から$I = i_0/\sqrt{2}$となります。Iは刻々と変わるiを代表する数値とするわけです。

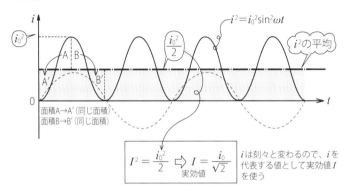

交流iが抵抗Rで出す熱は刻々と変わるi^2Rを足し算した(i^2の平均)$\times R = (i_0^2/2)R$となります。直流Iが抵抗Rで出す熱はI^2Rであり、両者の熱が等しいとした際のIが、交流iの実効値となります（答えは○）。

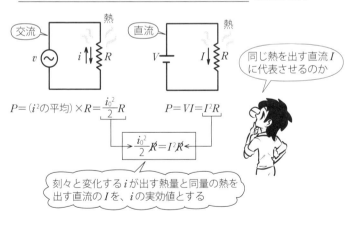

答え ▶ ○

R237 ○×問題　実効値 その2

Q 家庭用のコンセントにきている交流の100Vとは実効値であり、電圧の最大は約141V、最小は-141Vである。

A 前項までは、刻々と変わる電流 i を、ひとつの実効値 I に代表させる話でした。ここでは刻々と変わる交流の電圧 v を、ひとつの実効値 V に代表させてみます。v はサインカーブで、単純に平均するとゼロになってしまいます。

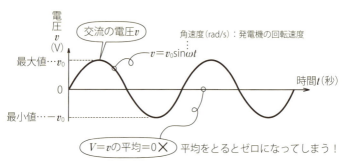

そこで、v^2 としてすべてプラスにして、その山を平らにならします。山と谷を埋めて v^2 を平らにすると、その高さは最大値 v_0^2 の半分となります。$\dfrac{v_0^2}{2}$ を実効値 V^2 と置くと $V=\dfrac{v_0}{\sqrt{2}}$ となります。

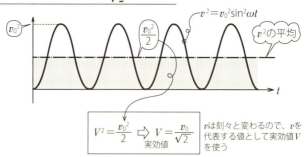

家庭用コンセントは、実効値 $V=100\text{V}$ なので、$100=v_0/\sqrt{2}$
∴最大値 $v_0=\sqrt{2}\times100\fallingdotseq141\text{V}$　最小値は $-v_0=-141\text{V}$ となります（答えは○）。

$VI=V\left(\dfrac{V}{R}\right)=\dfrac{V^2}{R}$ であり、$\dfrac{V^2}{R}=\dfrac{(v_0/\sqrt{2})^2}{R}=\dfrac{v^2\text{の平均}}{R}$ と、同じ熱を出す直流電圧 V に、刻々と変化する v を代表させたものとなっています。

答え ▶ ○

★ R238 まとめ　　　　　　　　　　　　　　　実効値　その3

交流の実効値 I、V と最大値 i_0、v_0 の関係を、ここでまとめておきます。

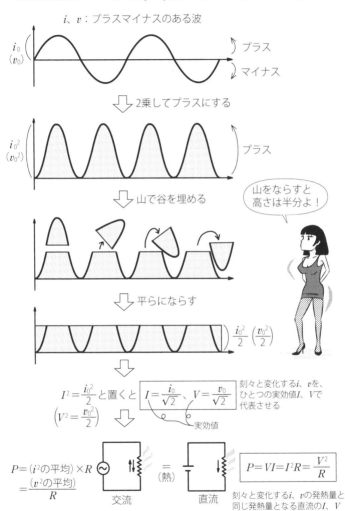

★ R239 ○×問題

Q 交流の電流の位相は、電圧とずれることがある。

A 水圧を高くすると水流が大きくなるように、電圧を高くすると電流が大きくなるのが普通ですが、交流ではずれる場合があります。回路に抵抗のみがあるときは、電流 i は電圧 v と同じ位置に山と谷がきます。

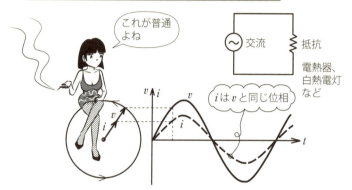

回路にコイルがある場合、変化する電圧 v に対して、逆向きに電圧が発生します（自己誘導による起動力）。そのため、電流 i は電圧 v より遅れた波となり、位相はずれます。

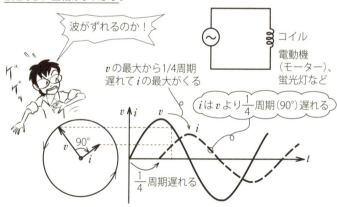

- 位相：$\sin\omega t$ の角度を表す ωt を位相と呼びます。コイルがあるとき、位相は $\omega t - \pi/2$ となります。
- i が v の右にある場合、進んでいるようにも見えますが、横軸は t（秒）です。右にずれる分の時間だけ位相が遅れているわけです。

252

実効値 その4

回路にコンデンサのみがある場合、電流iが流れてからコンデンサに電荷がたまり、iが少なくなるときに電荷が最大にたまって電圧vが最大になります。電流iは電圧vよりも、進んだ波となります。

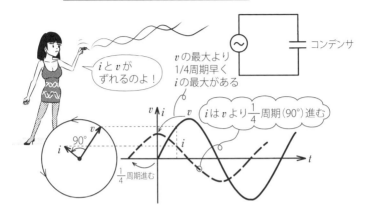

抵抗、コイル、コンデンサがある回路では、それぞれの大きさによって、位相のずれϕ（ファイ）が変わります。一般に交流の電圧vと電流iの波は、ずれているのが普通です（答えは○）。

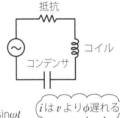

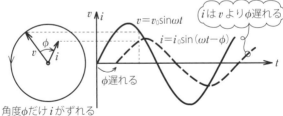

答え ▶ ○

R240 ○×問題　実効値　その5

Q 交流の瞬間瞬間の電力=電圧×電流を平均すると、実効値の積 $V \times I$ よりも小さくなることがある。

A 刻々と変わる電圧 v と電流 i の山の位置が一緒ならば、電力 $i \times v$ は実効値の積 $V \times I$ となります。$v = v_0 \sin\omega t$ と $i = i_0 \sin\omega t$ をかけて、周期分で積分して周期で割ると、1秒間での電気のエネルギー、すなわち電力 $P = V \times I$ が出てきます。

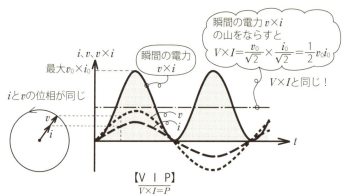

i の位相が v よりずれると、$v \times i$ のグラフにマイナスの部分ができます。$v \times i$ を積分して平均を計算すると、$V \times I \times \cos\phi$ と、$\cos\phi$ という1以下の係数が付きます。よって $V \times I$ よりも小さくなります（答えは○）。

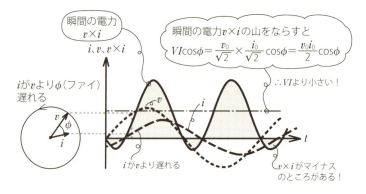

【　】内スーパー記憶術

答え ▶ ○

★ R241 ○×問題 力率

Q 力率は、交流回路に電力を供給する際における、「皮相電力」を「有効電力」で除したものである。

A 電流iが電圧vよりもϕだけ遅れた波の場合、積分してviの平均を出すと、$VI\cos\phi$となります。$VI\cos\phi$を有効電力といい、実効値V、Iの積に$\cos\phi$をかけたかたちで、その$\cos\phi$を力率といいます。供給される見かけの電力を皮相電力といい、単位はVA(ボルトアンペア)を使って、有効電力のW(ワット)と区別します。

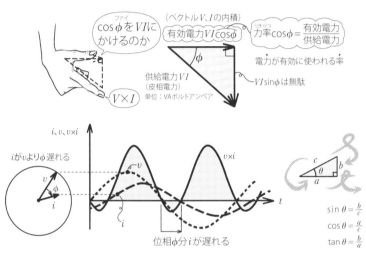

― スーパー記憶術 ―

$\underline{V\ I\ P}$ と 交際!　　悲惨な発電所の爆発!
$\overline{V \times I = P}$　$\times \cos\phi$　　　皮相　供給電力　VA

力率$\cos\phi$は供給電力(皮相電力)のうち、どれくらい有効に使われるかの比で、「有効電力」を「皮相電力」で除したものです(答えは×)。ベクトルVとIの内積ともなっています。力率が0.7(70%)だと、発電所から送られた皮相電力のうち、70%だけ有効に使われ、残りの30%は発電所と消費地を往復しただけとなります。

答え ▶ ×

★ R242　〇✕問題　　　　　　　　　　　　　進相用コンデンサ

Q 進相用コンデンサは、電動機などの力率改善を目的として、電動機などと並列に接続する。

A 電動機（モーター）などのコイルをもつ機器では、電流の位相が遅れてしまいます。<u>コンデンサを並列につなぐことにより、電圧の位相に近づけると、力率は改善されます。そのコンデンサを、進相用コンデンサ</u>といいます（答えは〇）。

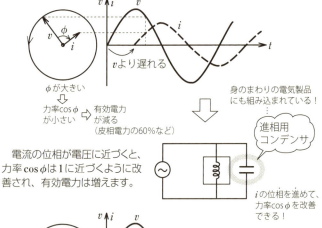

電流の位相が電圧に近づくと、力率 $\cos\phi$ は1に近づくように改善され、有効電力は増えます。

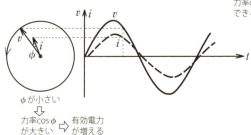

- 進相用コンデンサは、機器ごとに個別で設けるほかに、高圧引込みの変電設備に設置したりします。

答え ▶ 〇

R243 ○×問題　電圧区分　その1

Q 一般の需要家に供給される電力には、低圧、高圧、特別高圧の3種類の電圧があり、低圧は交流で600V以下、直流で750V以下である。

A 需要家に供給される電圧区分は、低圧、高圧、特別高圧の3種類があります。下表のように低圧は交流で600V以下、直流で750V以下です（答えは○）。高圧はそれらの電圧を超え7000V以下です。特別高圧は、交流、直流ともに7000V超えです。交流、直流の違いは、低圧と高圧の境が600V、750Vの所で、高圧と特別高圧の境の7000Vは同じです。

電圧区分

	交流	直流
低圧	600V以下	750V以下
高圧	600Vを超え7000V以下	750Vを超え7000V以下
特別高圧	7000Vを超えるもの	

（電気設備技術基準より）

600Vと7000Vをまず覚えなさい！

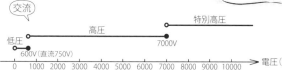

― スーパー記憶術 ―

交流 ⇨ **六** ⇨ **600V**以下　交の文字形から六を連想

特別高圧 ⇨ **キ** ⇨ **7000V**超え　特の文字形から7を連想

答え ▶ ○

★ / R244 / ○×問題　　　　　　　　　　　　電圧区分　その2

Q 電圧の種別のうち、7000Vを超えるものを特別高圧という。

A 交流では、7000V以下で600Vを超えるものを高圧、7000Vを超えるものを特別高圧と区分されています（答えは○）。特別高圧の電気は鉄塔に渡された送電線で、高圧の電気は電信柱に渡された配電線で運ばれます。発電所で発電された電気は、電線の負荷を低くするために高圧にされて、電流を少なくして送り出されます。各所で電圧を下げながら送られ、最後に200V、100Vにされて、各家庭に入ります。需要の大きな建物では、6600Vの高圧で受電して、敷地内で変圧します。

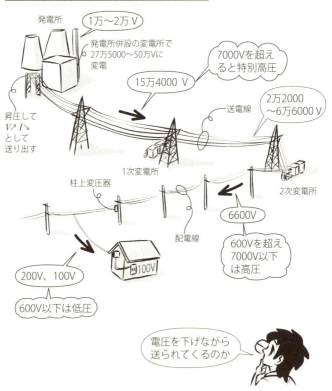

- 発電所→2次変電所を送電、2次変電所→需要家を配電といいます。
- 建築設備で扱うのは、大規模工場以外は、配電線の6600V（高圧）からです。

答え ▶ ○

R245 ○×問題　受変電設備　その1

Q 電力の供給において、契約電力が50kW以上となる場合には、需要家側に受変電設備を設置する必要がある。

A 50kW（5万W）以上の契約では、受変電設備（キュービクル）が必要となります。6600Vの高圧で受電して、100Vや200Vに変圧して配線します。戸建て住宅への引込みでは、この作業は電信柱に付けられた柱上変圧器で行います。大口の需要家は、自分で受変電設備を用意する必要がありますが、電気料金は安くなります（答えは○）。

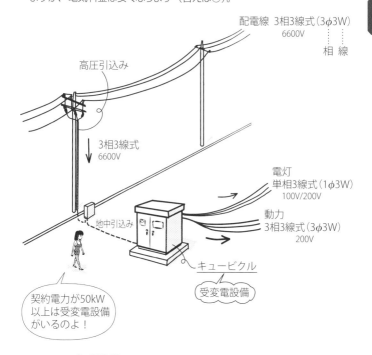

— スーパー記憶術 —

ごまんと 電気を使うには 受変電設備！
5万W以上
(50kW)

- φは相、Wは線（Wire）を意味します。

答え ▶ ○

★ / **R246** / ○×問題　　　　　　　　　　　　　受変電設備　その2

Q キュービクルは、高圧の電気を受電、変電、配電する設備を収めた金属製の箱のことである。

A キュービクルとは、高圧の受変電設備を金属製の箱に収めたものです（答えは○）。屋根の付いた屋外型と、電気室に置く屋内型があります。閉鎖式受変電設備ともいいます。内部には、開閉器、変圧器、配線用遮断器、電圧計、電流計、電力計、力率計などを納めます。高圧受変電設備はキュービクルのほかに、オープンにされた開放式受変電設備（オープンフレーム方式）があります。

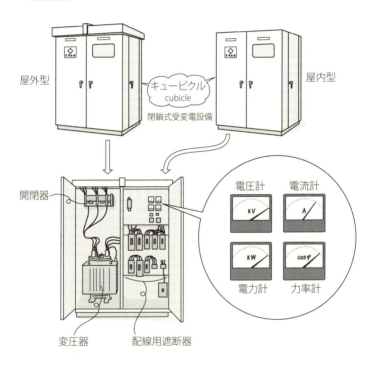

cubicle：小部屋が原義

答え ▶ ○

★ R247 ○×問題　　　変圧器 その1

Q 受変電設備に高効率変圧器を用いることは、省エネルギーに有効である。

A 変圧器は下図のように、鉄心にコイルを巻いたもので、コイルの巻数によって電圧を変えられます。油の中に入れる、樹脂で覆うなどして、絶縁します。変圧器の各所でエネルギー損失が発生しますが、鉄心をアモルファス合金にするなどしてロスを減らす高効率変圧器が開発されています。省エネルギー、電気代削減の効果があります（答えは○）。

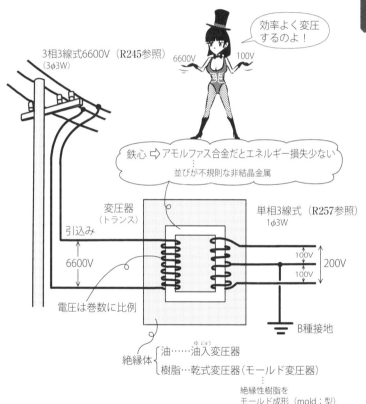

答え ▶ ○

★ R248　○×問題　　　変圧器　その2

Q 1. 変圧器の損失には、無負荷でも鉄心に発生する無負荷損（鉄損）と、負荷によってコイルに発生する負荷損（銅損）がある。
2. 受変電設備において、負荷に合わせて変圧器の台数制御を行うことは、省エネルギーに有効である。

A 変圧器の損失には、抵抗による発熱によるもの（銅損）のほかに、電圧がかかっているだけで無負荷でも生じる損失（鉄損）もあります（1は○）。

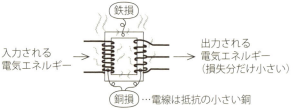

　変圧器を並列運転として、負荷の少ないときには台数制御することで、損失を減らすことができます（2は○）。

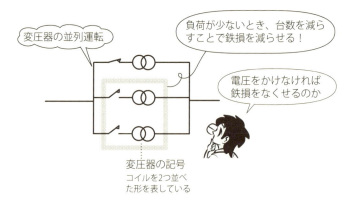

答え ▶　1.　○　　2.　○

262

R249 ○×問題　スポットネットワーク受電方式

Q スポットネットワーク受電方式は、電力供給の信頼性に重点をおいた受電方式である。

A 配電線を複数回線用意しておくと、事故の際にも停電する確率を低くできます。事故予防のために余分や重複をシステムに加えることを、冗長性（redundancy）をもたせるといいます。電力供給では、下図のような、複数回線を平行に走らせるスポットネットワーク受電方式、輪状にするループ受電方式が代表例です（答えは○）。

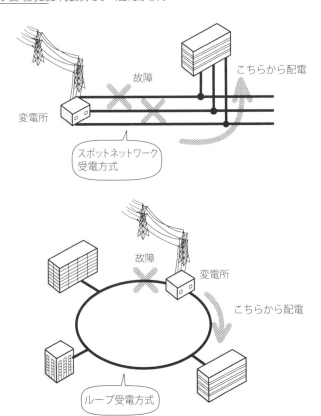

- スポット（spot）には、現地の、地方放送局から送られた、地域変電所から送られたという意味があります。spot broadcastingは現地放送で、spot networkは現地ネットワーク、地域ネットワークといった意味になります。

答え ▶ ○

★ / **R250** / ○×問題　　　　　　　　　　　　非常電源　その1

Q 非常電源には、非常電源専用受電設備、自家発電設備、蓄電池設備、燃料電池設備の4種類がある。

A 火事のときに用いるさまざまな消火設備には、スプリンクラーの水を押し出すポンプなど電気を必要とするものが多くあります。非常電源は消防法上の用語で、下図のように、①非常電源専用受電設備、②自家発電設備、③蓄電池設備、④燃料電池設備の4種類の中から、必要となる消防設備などによって選ばれます（答えは○）。①以外は、停電時の電源切替えが可能です。

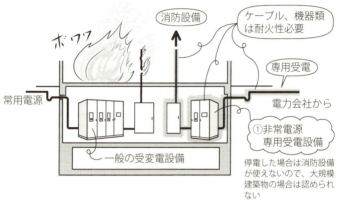

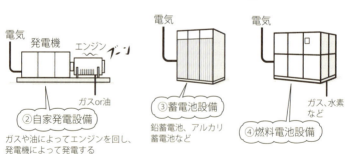

- 燃料電池とは、水素と酸素を化学反応させて電気を発生させる装置です。都市ガスや水素ガスを使います。反応時の排熱で温水をつくることもできます。
- 建築基準法では、非常電源は予備電源といいます。

答え ▶ ○

★ R251 ○×問題　　　　非常電源　その2

Q 蓄電池を使用しない非常電源における自家発電設備は、常用電源が停電してから電圧確立までの所要時間を40秒以内とする。

A 非常電源の自家発電設備は、常用電源が落ちてから40秒以内に、電圧確立、投入されなければなりません（答えは○）。40秒を超える場合は、蓄電池設備とするか、併用にする必要があります。

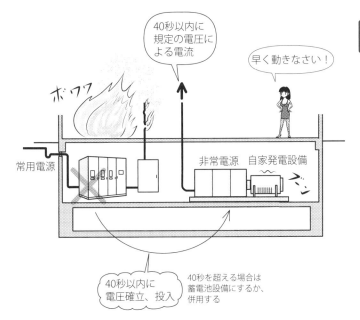

--- スーパー記憶術 ---

停電、切替え！の 指令 で動く自家発電設備
　　　　　　　　40秒

- 非常用発電機の冷却方式は、災害時には水が使えなくなる可能性があるため、冷却水が不要な空冷式とします。

答え ▶ ○

R252 ○×問題　非常電源　その3

Q デュアルフューエルシステムの発電機に用いる燃料は、通常時にはガスを用い、災害等によりガスの供給が停止した場合には重油等を用いることができる。

A デュアルフューエルシステムとは、**2種類の（dual）燃料（fuel）を使うシステム**です。通常時はガスを使い、災害でガス供給が停止したときに重油などに切り替えることができます（答えは○）。大地震時には各所にある安全装置が働いて、都市ガスが遮断される可能性もあります。ガスや液体燃料などの2種の燃料で発電できるシステムは、災害時でも電力を安定して供給できます。

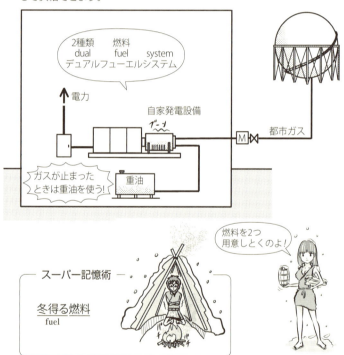

- 災害時に避難場所となる病院、ホテルなどのBCP（Business Continuity Plan：事業継続計画）において、電気、ガス、水道の停止に備える設備が重要となります。

【（電気の孔を）ビシッとパッチ】
　　　　　　　　　B C　　P

【　】内スーパー記憶術

答え ▶ ○

★ R253 ○×問題　　　非常電源　その4

Q 自家発電設備として設置されるマイクロガスタービンは、一般に、ディーゼルエンジンに比べて発電効率が高い。

A ガスタービンとは、下図のような、燃焼ガスの膨張エネルギーでタービンを回すエンジンのことです。燃料は、油、ガスの両方があります。ガスエンジンは、都市ガス、プロパンガスなどを燃料に使うエンジンです。マイクロガスタービンは、小型のガスタービンで、ディーゼルエンジンやガスエンジンに比べて発電効率は低くなります（答えは×）。

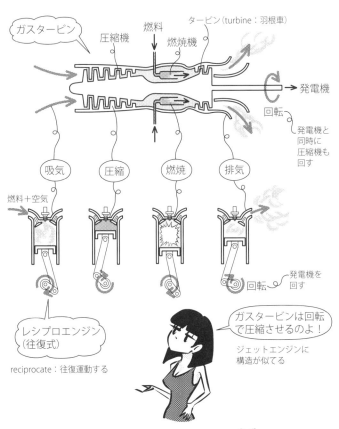

【足袋は効率が悪い】
タービン

【　】内スーパー記憶術

答え ▶ ×

★ / **R254** / ○×問題　　　　コージェネレーションシステム

Q コージェネレーションシステムは、発電にともなう排熱を給湯などに有効利用するシステムである。

A コージェネレーションシステムとは、電気と熱を共につくり出して利用するシステムです（答えは○）。ガスや油でエンジンを回して発電し、排熱も冷暖房や給湯などに使います。常用発電設備と消防法や建築基準法で定める非常用発電設備との兼用が可能な機種もあります。

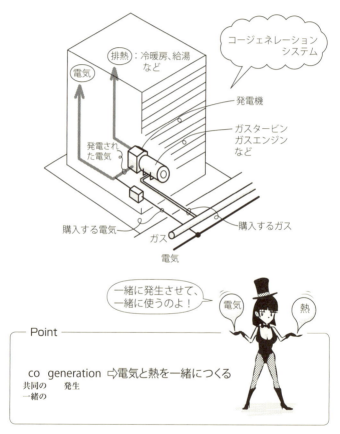

- Point

co　generation ⇨ 電気と熱を一緒につくる
共同の　　発生
一緒の

- コーポラティブハウス（和製英語。cooperativeは生協のCO・OPで覚えよう）のコー（co）も、共同（協同）のという意味です。
- 排熱投入型吸収冷温水機は、ガスエンジンなどの排熱で冷温水をつくります。

答え ▶ ○

268

★ R255 ○×問題　太陽光発電

Q
1. 太陽光発電システムの構成要素のひとつであるパワーコンディショナーには、インバーター、制御装置などが組み込まれている。
2. 太陽光発電システムに使用される配線は、モジュールからパワーコンディショナーまでの交流配線と、パワーコンディショナーから分電盤までの直流配線とがある。

A 太陽電池は直流電池のようなもの。パネル1枚（モジュール）を直列につないだのがストリング、各ストリングを並列につないだのがアレイです。接続箱で各ストリングの電圧を同じにして、次に直流を交流に変えるのがパワーコンディショナー（パワコン）の中のインバーターです（1は○、2は×）。インバーターは交流の周波数を変える働きをしますが、ここでは直流を交流に変換します。

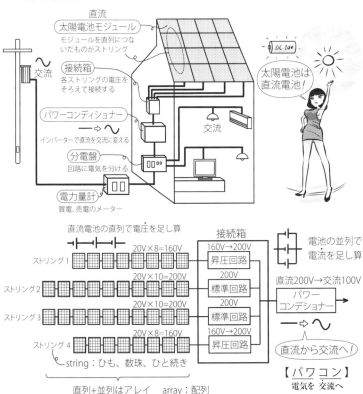

【　】内スーパー記憶術

答え ▶ 1. ○　2. ×

R256 ○×問題　風力発電

Q 1. 風力発電に用いられる風車は、水平軸風車と垂直軸風車に分類することができ、垂直軸風車は小型風車での採用例が多い。
2. 風力発電の系統連系において、DC（直流）リンク方式は、AC（交流）リンク方式に比べて出力変動の影響を受けにくく、安定供給が可能な電力として系統に連系できる。

A 風車には水平軸（風車回転軸が地面に対して水平な風車）と垂直軸（風車回転軸が地面に対して垂直な風車）があり、垂直軸風車は小型が多いです（1は○）。風力発電は風車で発電機を回転させるので、通常の火力発電などと同様に電気は交流となります。磁界の中でコイルを回転させるので、磁界をコイルが切るスピードが角度によって変わり、電圧、電流ともにサインカーブを描く交流となります。

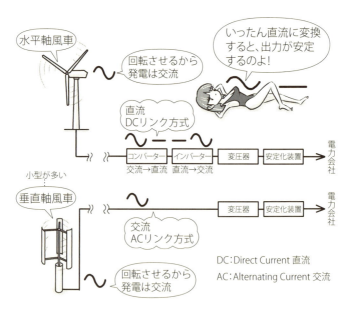

　交流のまま電力会社の系統につなぐのがAC（交流）リンク方式。一方DC（直流）リンク方式は交流をいったんコンバーターで直流に変え、その後にインバーターで交流に直す方式です。DCリンク方式は、ACリンク方式に比べて出力変動の影響を受けにくいため、安定供給可能な電力として系統に連系できます（2は○）。

答え▶ 1. ○　2. ○

★ / R257 / ○×問題　　単相2線式と単相3線式　その1

Q 小規模な戸建て住宅における屋内の配電方式には、単相2線式100V、または単相3線式100V/200Vが用いられる。

A 波形がひとつの交流が単相交流で、低圧配電用です。発電所でつくられる交流は3相交流で、位相が1/3ずつずれた3つの波形をもつ交流です。送電やモーターを回す際の効率に優れています。住宅の手前の電信柱で単相にされて引き込まれます。
単相2線式（1φ2W）は、下図のように+100Vの線と0Vの線で配線する方式です。一方単相3線式（1φ3W）は、+100V、0V、-100Vと3本の線で配線する方式で、100V、200Vの電圧をつくることができます（答えは○）。

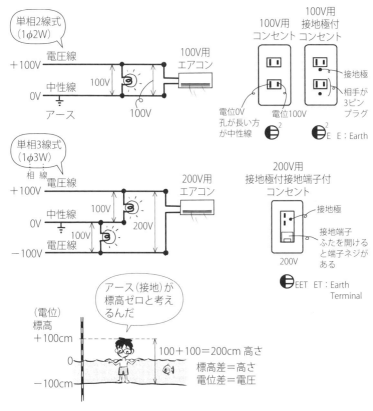

- 1φ2Wのφは相、Wは線（wire）を意味します。

答え ▶ ○

★ / **R258** / ○×問題 単相2線式と単相3線式 その2

Q 小規模の事務所ビルにおいて、電灯、コンセント用幹線の電気方式に、単相3線式100V/200Vを用いた。

A 発電所でつくられる電気は、1/3周期ずつずれて送られる3相交流です。120°ずつずらした位置にコイルを置いて中央で磁石を回す発電なので、下図左下のような3つの位相の波となります。3相交流は3本の線で運べるので、送電線を節約できます。またモーターを回すにも有利なので、工場などでは3相交流をそのまま取り入れます。一方、戸建て住宅では、電信柱のところで単相交流（1φ）として引き込みます。単相3線式（1φ3W）では、100Vと200Vが簡単に選べるので、戸建て住宅や小規模オフィスなどでよく採用されます（答えは○）。

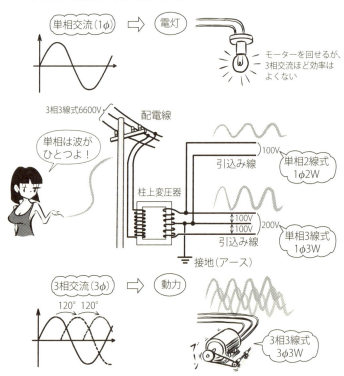

答え ▶ ○

★ R259 ○×問題　接地工事　その1

Q 接地工事には、接地工事の対象施設、接地抵抗値および接地線の太さに応じて、A種接地、B種接地、C種接地およびD種接地の4種類がある。

A 漏電(ろうでん)による感電や火災の防止、静電気の排除、雷からの保護、電子機器の電圧安定、変圧器低圧側の中性点(0V)の維持などの目的で行うのが接地、アース(earth:地面)工事です。接地工事にはA種からD種まであります。各々対象施設、抵抗値、接地線の太さなどが決められています(答えは○)。

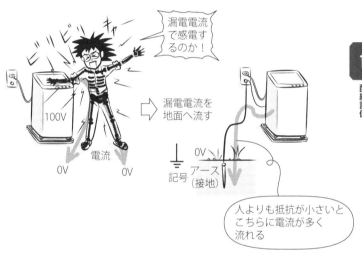

工事種別	接地する対象施設	
A種接地	高圧または特別高圧用器具の外箱または鉄台の接地	高圧 or 特別高圧
B種接地	高圧または特別高圧と低圧を結合する変圧器の中性点の接地	
C種接地	300Vを超える低圧用器具の外箱または鉄台の接地	低圧
D種接地	300V以下の低圧用器具の外箱または鉄台の接地	

答え ▶ ○

R260 ○×問題　　　　　　　　　　　　　　接地工事　その2

Q 300V以下の低圧用機器の鉄台の接地には、C種接地工事を行う。

A 600V以下の交流低圧の接地では、C種接地は300Vを超える場合、D種接地は300V以下の場合です（答えは×）。

C種接地	300Vを超える低圧用器具の外箱または鉄台の接地
D種接地	300V以下の低圧用器具の外箱または鉄台の接地

・地表面から75cm以下の深度
・電気を通しやすいように水分を含んだ場所
・腐食されないように酸を含まない場所

― スーパー記憶術 ―

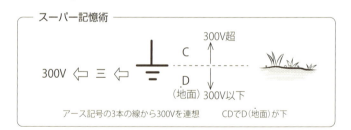

- 地絡（ちらく）電流とは、地面と連絡する電流、すなわち地面に電流が流れること。接地線に過電流遮断器を設置するのは不可。漏電などを地面に流すために接地（アース）するので、接地線を遮断するとそれができなくなるため。

答え ▶ ×

★ R261 ○×問題　　接地工事　その3

Q 高圧を低圧にする変圧器において、低圧側（2次側）の電線を接地させるのは、B種接地工事である。

A 6600Vの高圧を、100Vや200Vなどの低圧に変換するのに、変圧器（トランス）を使います。低圧側のひとつの電線を0Vにするために接地させますが、それをB種接地工事といいます（答えは○）。台風の後に柱上変圧器が漏水し、1次側6600Vの電流が2次側に流れ、死亡者が出る事故が起きたことがあります。以来、高圧と低圧の混触時に高圧電流を地面に流すための接地が義務付けられました。B種接地は、0Vを維持するばかりでなく、混触事故（高圧、特別高圧の電路と低圧電路が接触し、低圧電路側に高圧が発生する事故）防止という重要な役も担います。

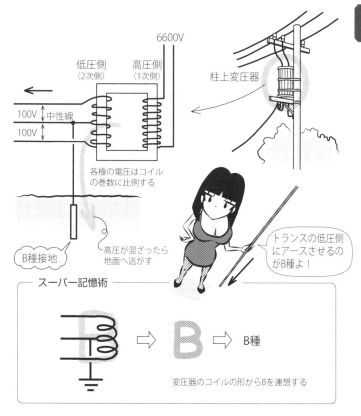

答え ▶ ○

★ R262 ○×問題　　　接地工事　その4

Q コンセントにおける接地側電源を、機器の接地に使うことができる。

A コンセントの接地側（電圧0V側）に、洗濯機などのアース線を差し込むのは厳禁です（答えは×）。<u>接地端子付コンセントの接地端子にネジ止めします。</u>

長い方の孔（刃受け）は接地側の電源

非接地側

アース線

機器の接地（アース）に使うのは絶対にダメ！

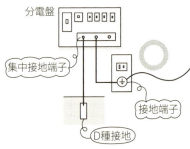

柱上変圧器の電源に直結しているので×。コンセントの接地極は、独自に電線を地面まで引いたもの。分電盤には集中接地端子があり、コンセントの接地端子はそこへつなぐ

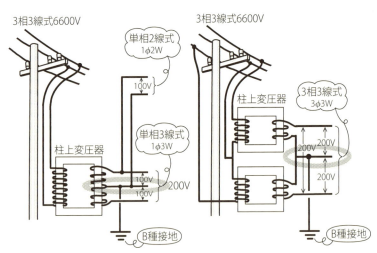

- B種接地された電位0Vは、白い電線を使うのが一般的です。

答え ▶ ×

★ R263 ○×問題　　接地工事　その5

Q 高圧機器の感電防止のために、B種接地工事を行った。

A 600Vを超える高圧機器の場合は、**A種接地工事**となります（答えは×）。
A種からD種までの4種を、再度ここで覚えておきましょう。

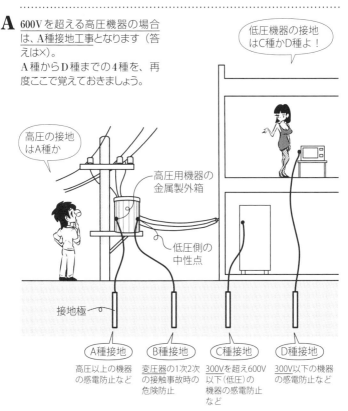

答え ▶ ×

R264 ○×問題　接地工事　その6

Q 1. 避雷設備において、保護角法における突針部の保護角は、建物の高さと機能によって異なる。
2. 鉄骨鉄筋コンクリート造の建築物においては、構造体の鉄骨を避雷設備の引下げ導線の代わりに使用することはできない。

A 避雷設備も、接地の一種です。高さが20mを超えると、避雷設備の設置義務があります。避雷針の保護角は25〜55°で、建物の高さや機能（保護レベル）によって異なります（1は○）。また構造体の鉄骨や鉄筋も、一定断面積以上ならば避雷設備として使うことは可能です（2は×）。

- 雷サージ（雷による過電・過電流）から電気設備を保護するために、サージ保護デバイス（SPD：Surge Protective Device）を設置します。
  surge：大波、急上昇
  【雷の落ちる<u>ス</u> <u>ピ</u> <u>ー</u><u>ド</u>】
  　　　　　　　S　P　　D

- 受雷部の保護方法には、保護角法、回転球体法、メッシュ法があります。
- ペントハウスの高さ緩和は、避雷設備の要否を決める場合は適用されません。雷は高いところに容赦なく落ちるからです。
【　】内スーパー記憶術

答え ▶ 1. ○　2. ×

R265 ○×問題　　接地工事　その7

Q 住宅および人の触れやすいLED電灯などに電気を供給する屋内電路の対地電圧は、150V以下とする。

A 人が触れやすい器具への屋内配線は、危険を少なくするため、対地電圧は150V以下とされています（答えは○）。手で触ることの多い照明用屋内配線は、一般的に、対地電圧を100Vとしています。

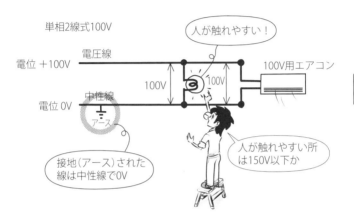

エアコンは手を触れる危険がないので、出力を大きくするために200Vとすることもあります。

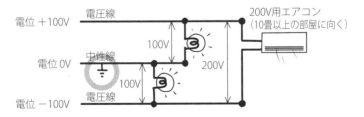

答え ▶ ○

R266 ○×問題　　　分電盤　その1

Q 1. 電気室は、負荷までの経路が短くなるように配置した。
2. 分電盤は、負荷の中心に近く、保守、点検の容易な場所に設ける。

A 電気室の配電盤からEPS（電気用パイプスペース）に幹線を通し、各階の分電盤で分岐させて負荷へとつなぎます。負荷までの経路が長いと、初期の配線費用がかかり、電力の損失も大きくなります。負荷までの経路は、なるべく短くなるように、電気室、EPSの位置などを設計します。またEPSには扉を付け、分電盤の保守、点検が簡単にできるようにしておきます（1、2は○）。

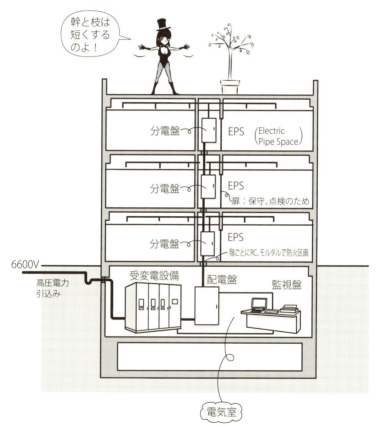

- 受変電設備全体を指して、配電盤と呼ぶことがあります。受変電設備と配電盤を鋼製の箱に入れたものがキュービクルです。

答え ▶ 1. ○　2. ○

★ R267 ○×問題 　　　　　　　　　　　　分電盤 その2

Q 貸事務所の場合、EPSの点検は、廊下などの共用部から行えることが望ましい。

A 収益部の貸オフィス部分からEPSを点検するような設計では、毎回、テナントの承諾が必要となります。そこで下図のように、共用部の廊下から点検を行えるようにEPSと扉の位置を計画します（答えは○）。

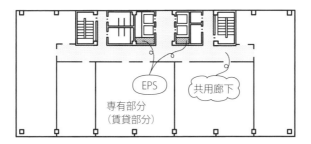

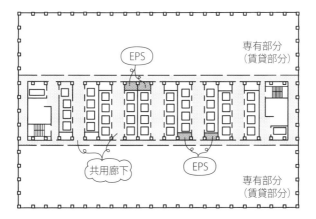

答え ▶ ○

★ R268 ○×問題　分電盤　その3

Q 分電盤における分岐回路の数は、建築物の規模や負荷によって異なる。

A 下図は、一般家庭用の分電盤です。電気を分ける盤で、各回路ごとに配線用ブレーカー（遮断器）が付けられ、全体にも漏電ブレーカー、アンペアブレーカー（リミッター）が設置されます。各分岐回路は、12〜15A程度で分けられ、15Aなどの配線用ブレーカーが付けられます。よって分岐回路の数は、規模や負荷により異なります（答えは○）。

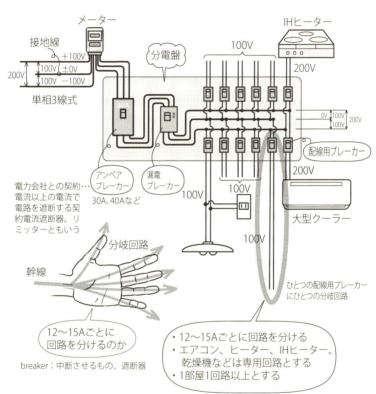

答え ▶ ○

★ / R269 / ○×問題　　　分電盤　その4

Q 漏電ブレーカー（漏電遮断器）は、行きと帰りの電流の差が一定以上となると電路を断つ機器である。

A 水道では、パイプに孔があると水が少しずつ漏れますが、電流でも同じです。電気製品や電路で絶縁されていない部分があると、そこから漏電します。帰りの電流が行きに比べて、たとえば30mA足りないと、電路を遮断するのが、漏電ブレーカー（漏電遮断器）です（答えは○）。アンペアブレーカー（アンペア遮断器）は、たとえば30A以上流れたら遮断するブレーカーで、全体の流量で判断されます。分岐回路ごとの配線用ブレーカー（配線用遮断器）も、各回路での流量で判断します。ブレーカーのブレーク（break）とは、壊す、中断するという意味で、コーヒーブレークはコーヒーによる会議などの中断です。電気のブレーカーは、電路を中断する機器で、遮断器ともいいます。

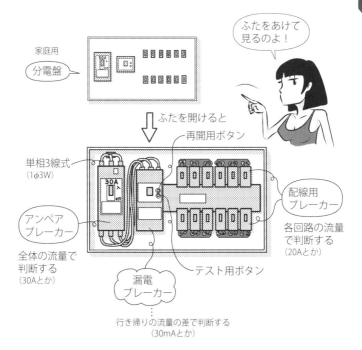

答え ▶ ○

R270 ○×問題　　　分電盤　その5

Q 1. 分電盤の各ブレーカーは、開閉器と遮断器を兼ねている。
2. 配線用ブレーカーの定格電流は、電線の許容電流よりも小さく設定する。

A 各ブレーカーは、過電流や漏電によって切れる遮断器と、ON-OFFする開閉器（スイッチ）を兼ねています（1は○）。配線用ブレーカーの定格電流とは、安全に扱うことができる最大の電流値です。一定時間その電流の何倍かが流れると切れる場合のその電流値です。2分や60分など一定時間としているのは、電灯などのスイッチを入れた瞬間に大きな電流が流れ、その電流の瞬間値で遮断されては困るからです。また電線が焼き切れないように、遮断器の定格電流は、電線の許容電流よりも小さく設定しなければなりません（2は○）。

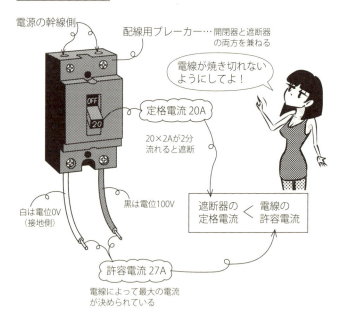

答え ▶ 1. ○　2. ○

★ / R271 / ○×問題　　　　　　　　　　　　　　　分電盤　その6

Q 図示記号は、配電盤は ▬◤ 、分電盤は ⊠ 、制御盤は ▶◀ である。

A 盤の記号は下図のようになります（答えは×）。記号が似ていてややこしいので、ここで覚えておきましょう。

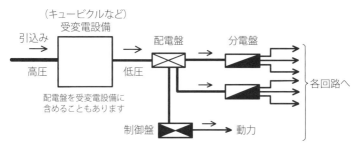

配電盤： ⊠　　分電盤へ行く幹線に、電気を分岐させて供給する盤

分電盤： ▬◤　　コンセント、照明器具などで構成される末端回路に、電気を分岐させて供給する盤

制御盤： ▶◀　　モーターなどの動力を使う回路に、電気を分岐し制御しながら供給する盤

10 配線設備

（キュービクルなど）
受変電設備　　　　　配電盤　　分電盤
引込み→　　　　　→　　　⊠　→　　　　　↗
高圧　　□　低圧　　　　　　　　　　　　　各回路へ
　　　　　　　　　　　　　　→　　　　　↗
配電盤を受変電設備に
含めることもあります
　　　　　　制御盤 ▶◀ → 動力

― スーパー記憶術 ―

$\frac{1}{2}$ ⇒ ／は分数 ⇒ ▬◤ は分電盤

答え ▶ ×

★ / **R272** / ○×問題　　　　　　　　　　　　　　　　　分電盤　その7

Q 低圧屋内配線において、幹線を分岐する場合は、分岐する電線ごとにブレーカー（開閉器＋過電流遮断器）を設けなければならない。

A 幹線を分岐する場合、分岐点から何 m 以下でブレーカーを付けなければならないと決められています（答えは○）。下はマンションの例ですが、幹線の分岐点ごとにブレーカーが付けられています。末端のブレーカーは、分電盤の中に納められています。

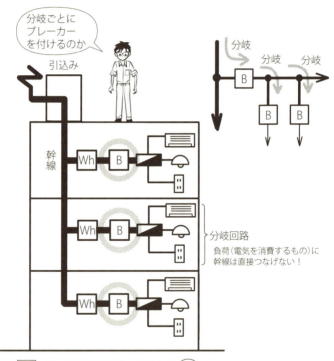

Wh：電力量計（箱入り）、箱なしは Wh、
　　　Whはワットアワー（電力量の単位 R233参照）

B：配線用ブレーカー

漏電ブレーカーは E、電動機用ブレーカーは B または B_M

開閉器のみは S

Wh：Watt hour　B：Breaker　E：Earth leakage　M：Motor　S：Switch

答え ▶ ○

★ R273 ○×問題　　　　　配線方式　その1

Q 低圧屋内配線におけるケーブルラックには、絶縁電線を敷設することができる。

A ケーブルラックは、文字通りケーブルを載せる柵です。絶縁電線とは導体を絶縁した電線、ケーブルとは絶縁電線を集めて外装したものです。導体のまわりをビニルで絶縁したIVなどがビニル絶縁電線、2本のビニル絶縁電線の外側にさらに外装した平形のVVFケーブルなどがケーブルです。ケーブルラックには、絶縁電線は載せられません（答えは×）。絶縁電線は、直接建築物に接触させることはできません。屋内配線では、一般にケーブルが使われます。

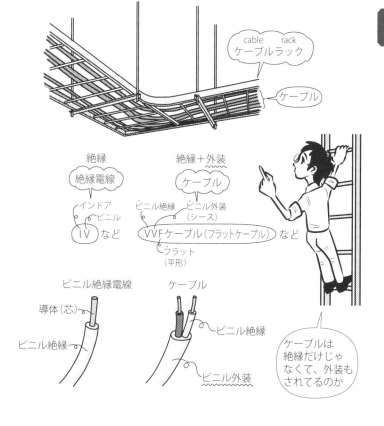

答え ▶ ×

R274　○×問題　　　配線方式　その2

Q バスダクト配線方式は、大容量幹線に適している。

A 金属ダクトは、空調のダクトと同様な金属製の管、筒で、中にケーブルを納めます。バスダクトは、金属の板を電気の導体とし、周囲を樹脂で絶縁したものを、金属ダクトに入れたものです。普通は、太いケーブルが満載になる幹線部分をすっきりとさせ、安全にもなり、また保守点検も容易です（答えは○）。

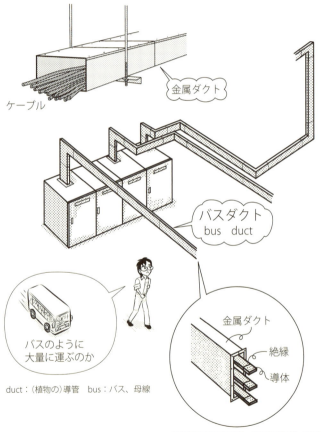

duct：(植物の)導管　bus：バス、母線

特別高圧（7000V超）、高圧（600V超、7000V以下）、低圧（600V以下）用の、さまざまなバスダクトがある

答え ▶ ○

★ / R275 / ○×問題　　　　　　　　　　配線方式　その3

Q 1. フロアダクトとは、床下に設置する給排水設備である。
2. セルラダクトとは、床下に設置する空調設備である。

A フロアダクトとは、フロアのコンクリート内に埋め込む電線のためのダクトです（1は×）。空調用の風道を一般にダクトといいますが、電線を収める筒もダクトと呼びます。

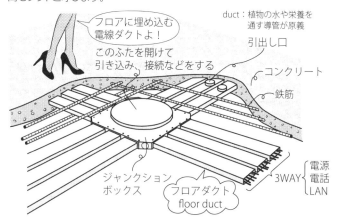

セルラダクトとは、デッキプレートの溝を電線用ダクトにしたものです（2は×）。

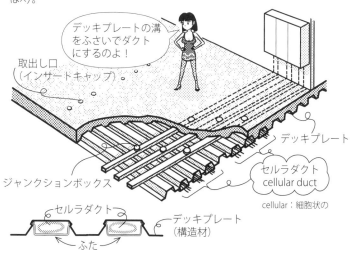

答え ▶ 1. ×　2. ×

R276　〇×問題　　　　　　　　　　配線方式　その4

Q フリーアクセスフロア（OAフロア）は、床の一部を取り外して配線できるので、コンピュータなどの端末機器のレイアウト変更が容易である。

A フリーアクセスフロア（OAフロア）とは、下図のように、二重床にして、その間にケーブル類を通す方式です（答えは〇）。コストを抑えるために、アンダーカーペット配線方式を使うこともあります。

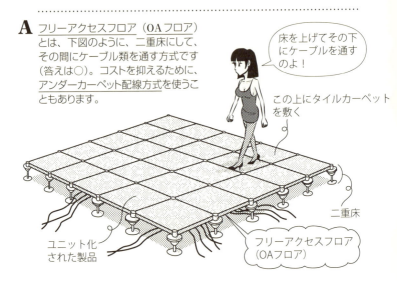

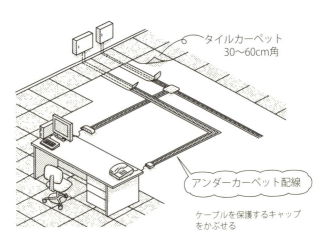

答え ▶ 〇

★ R277 ○×問題　　　配線方式　その5

Q 低圧屋内配線工事に使用する金属管は、「コンクリート内への埋設」および「露出または隠ぺいした湿気の多い場所等への敷設」が可能である。

A 金属管による配線は、コンクリート内への埋設、湿気の多い所への敷設が可能となります（答えは○）。電線を入れる電線管には金属管のほかに、硬質塩化ビニル管（VE管）やじゃばら状の合成樹脂製可とう電線管（PF管、CD管）などがあります。

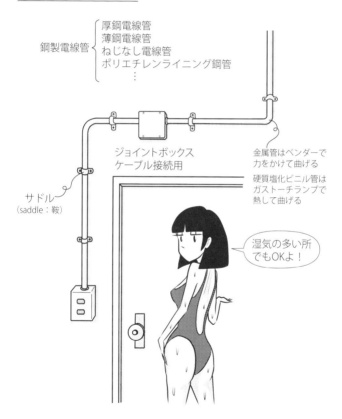

答え ▶ ○

R278 ○×問題　配線方式　その6

Q
1. 低圧屋内配線において、合成樹脂可とう管は、コンクリート内に埋設してもよい。
2. 合成樹脂可とう管のCD管、PF管のうち、PF管は自己消火性があり、耐燃性に優れている。

A 合成樹脂製のグネグネ曲がる（可とう性の）管を、コンクリートに埋め込んで、電気のケーブルを後から通すことはよく行われます（1は○）。CD管、PF管のうち、PF管は耐燃性に優れ、露出でも使えます（2は○）。

> PF管 …耐燃性
>   露出でも使えるので、白、灰色が多い
>
> CD管 …非耐燃性
>   コンクリート埋込み用なので、露出で使われないようにオレンジ色が多い

PF： Plastic　Flexible conduit
　　合成樹脂の　柔軟な　導管

CD： Combined　Duct
　　合成された　導管

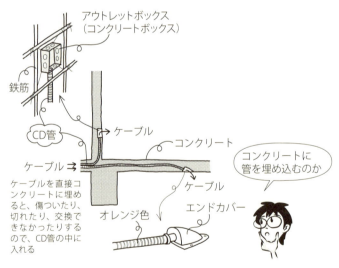

【Concrete → CD管】
CD管とPF管、コンクリートに埋め込むのはCD管。PF管と区別するため、コンクリートのCからCDとこじつけて覚えておく

【　】内スーパー記憶術

答え ▶ 1. ○　2. ○

★ R279 ○×問題　　配線方式　その7

Q 同一の電線管内に収める電線本数が多くなると、それぞれの電線の許容電流は大きくなる。

A 電線を電線管の中に入れたり、被覆したケーブルにしたりすると、熱が逃げにくくなります。そのため入れる電線の本数が3本以下では許容電流の0.7倍、4本は0.63倍、5本、6本は0.56倍とするなどと定められています。多く電線を入れるほど、許容電流を抑えます（答えは×）。フラットケーブル（VVFケーブル）も被覆されているので許容電流は絶縁電線よりも抑えられています。

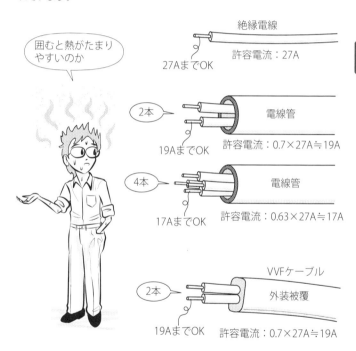

- シールドケーブルとは外部からの電磁波をさえぎるために、電線のまわりにアルミ箔と金属の編組みなどを巻いたケーブルです。

答え ▶ ×

★ **R280** ○×問題　　電力の負荷　その1

Q オフィスビルの事務室におけるOA用コンセントの、1m²当たりの負荷密度を、50VA/m²とした。

A 負荷密度とは、電力負荷の面積密度のことで、1m²当たりどれくらいの電力を使うかという値です。皮相電力で計るので、単位はVA（ボルトアンペア）を用いてVA/m²ですが、W/m²も使われます。オフィスでは1m²当たり30〜50VAとします（答えは○）。

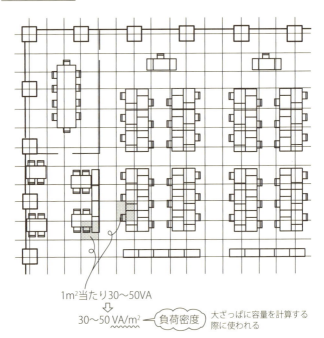

1m²当たり30〜50VA
⇩
30〜50 VA/m² ← 負荷密度　大ざっぱに容量を計算する際に使われる

― スーパー記憶術 ―
オフィスでは 中年 の人口 密度 大！
　　　　　　30〜50VA　　　／m²

- 30〜50VA/m²はコンセントの容量で、そのほかに一般動力、空調動力の容量も必要となります。

答え ▶ ○

R281 ○×問題　電力の負荷　その2

Q 負荷率は、「ある期間における最大需要電力」に対する「その期間の平均需要電力」の割合である。

A <u>平均需要電力/最大需要電力、平均が山の高さのどれくらいにあるかが負荷率です</u>（答えは○）。平均は山の高さに近いほど、すなわち負荷率が1（100％）に近いほど、山がなだらかで、好ましい電気の使われ方となります。

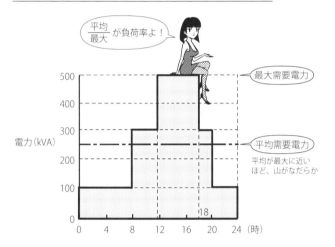

一日の平均負荷 $= \dfrac{(100\times 8)+(300\times 4)+(500\times 6)+(300\times 2)+(100\times 4)}{24}$
$= 250\,(\mathrm{kVA})$

一日の 負荷率 $= \dfrac{平均需要電力}{最大需要電力} = \dfrac{250}{500} = 50\%$ （平均は山の50%の高さ）

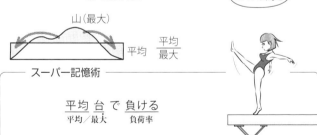

―― スーパー記憶術 ――

$\underset{\text{平均/最大}}{\text{平均 台}}$ で $\underset{\text{負荷率}}{\text{負ける}}$

答え ▶ ○

★ **R282** 〇×問題 電力の負荷 その3

Q 1. 需要率は、「最大需要電力」を「負荷設備容量」で除した値である。
2. 100Wの照明器具が100個設置されたオフィスで、同時に80台使用される場合、需要率は80%である。

A 需要率とは、各設備の容量を足し算した負荷設備容量を分母に、それが使われた場合の最大の負荷である最大需要電力を分子にした比率です（1は〇）。

100Wが100個で10000W＝10kWなので、器具の負荷の合計は10kWです。そのうち80個、8000W＝8kWが最大の同時使用電力だと、需要率は8kWを10kWで割った80%となります（2は〇）。

$$需要率 = \frac{100W \times 80個}{100W \times 100個} = \frac{8kW}{10kW} = 80\%$$

【 】内スーパー記憶術

答え ▶ 1. 〇 2. 〇

★ R283 ○×問題 不等率

Q 不等率は、「ある系統に接続されている個々の負荷の最大需要電力の合計」を「その系統の最大需要電力」で除したものである。

A 不等率は個々の需要家の最大需要電力の合計を合成最大需要電力で除したもので、個々の最大値がどれくらいずれているかを示す値です（答えは○）。たとえば下図のようなA、Bのお店のある商業ビルで、A、Bの最大が昼と夜でずれる場合と、昼に同時に最大になる場合では、不等率が1.2と1となります。不等率が大きい方が、A、Bが最大となるときがずれて分散されていて、A＋Bの合成最大需要電力が小さく、安いコストですみます。不等率が1の場合は、同時にA、Bが最大になる場合で、大きめのA＋Bの合成最大需要電力が必要となって、コストが高くなります。

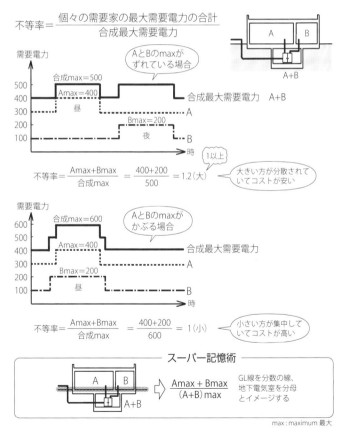

max：maximum 最大

答え ▶ ○

R284 ○×問題 照度計算 その1

Q 光束法による全般照明の照度計算において、室指数 R は、作業面から照明器具までの高さを $H(m)$、部屋の間口を $x(m)$、奥行きを $y(m)$ とすると、$R = \dfrac{x \times y}{H \cdot (x+y)}$ で表せる。

A 光束法による全般照明の照度計算では、まず室指数を求めます。部屋の大きさ、照らされる面から照明器具までの高さという寸法のみで計算される指数で $R = \dfrac{x \times y}{H \cdot (x+y)}$ で表されます（答えは○）。この室指数と天井、壁の反射率から、照明の光（光束）がどれくらい有効かの照明率が求められます。

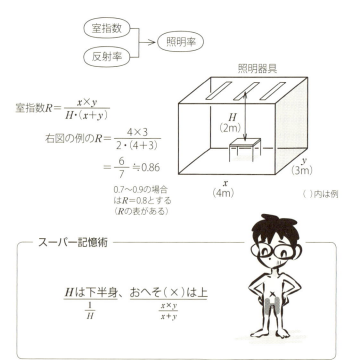

室指数 $R = \dfrac{x \times y}{H \cdot (x+y)}$

右図の例の $R = \dfrac{4 \times 3}{2 \cdot (4+3)}$
$= \dfrac{6}{7} \fallingdotseq 0.86$

0.7〜0.9の場合は $R=0.8$ とする（R の表がある）

( )内は例

― スーパー記憶術 ―

$\underline{H は下半身}$、$\underline{おへそ（×）は上}$
　$\frac{1}{H}$　　　　$\frac{x \times y}{x+y}$

- 光束、照度などの光の単位は、拙著『ゼロからはじめる［環境工学］入門』を参照してください。

答え ▶ ○

★ R285 ○×問題　　照度計算　その2

Q 光束法による全般照明の照度計算において、天井面や壁面などの光の反射率を考慮した。

A 反射率とは、何％の光を反射するかの割合で、高いほど机上面照度は大きくなります。室指数と反射率がわかると、数表から照明率が求められます。照明率とは、照明器具の光束がどれくらい机上に垂直に到達するかの率で、照明器具ごとに、器具効率、室指数、反射率から求める表があります（答えは○）。

①器具効率 ⇨ ②室指数 ⇨ ③反射率 ⇨ ④照明率
（器具で決まる）

照明器具の光束がどれくらい机の上に到達するかの率

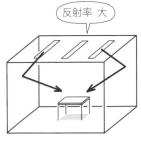

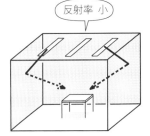

（例）天井面の反射率　75%　　　　（例）天井面の反射率　30%
　　　壁面の反射率　　50%　　　　　　　壁面の反射率　　10%
　　　室指数　　　　　0.8　　　　　　　室指数　　　　　0.8
　　　　↓（表から）　　　　　　　　　　　↓（照明率を求める表から）
　　　照明率　　　　　0.49　　　　　　　照明率　　　　　0.37
　　　　　　49％が机に到達　　　　　　　　　　　37％が机に到達

反射する方が机の上は明るいわよ！

答え ▶ ○

R286 ○×問題　照度計算　その3

Q 光束法による全般照明の照度計算において保守率は、ランプの経年劣化やホコリなどによる照明器具の光束減少の程度を表す数値である。

A 保守率とは、照明器具のホコリ、汚れ、経年劣化によって光束がどれくらい減らされないかの率です（答えは○）。掃除、ランプの交換などの保守・点検によって生じる補正係数です。

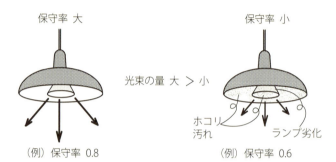

- 蛍光灯などは最初はまぶしすぎるので、省エネルギーのために、器具に初期照度補正制御のインバーターなどを付けることがあります。LEDでは最初から最後まで照度はほぼ変わらないので、初期照度補正は不要です。
- 直接昼光率の計算における保守率は、ガラスがどれくらい掃除されていて光を通しやすいかの率です。

直接昼光率 大 ＞ 小

直接昼光率 ＝ 立体角投射率 × 透過率 × 保守率 × 面積有効率

　　　　　　　ガラスを何％　ガラスの透明度　窓面積の何％が
　　　　　　　透過するか　　が何％保守され　光を通すのに有
　　　　　　　　　　　　　　ているか　　　　効か

- 昼光率とは、直射日光を除いた天空の光がどれくらい机上に到達するかの比率です。晴天でも曇天でも、その比は同じとなります。直接昼光率に関しては、拙著『ゼロからはじめる［環境工学］入門』を参照してください。

答え ▶ ○

★ / R287 / ○×問題　　　照度計算　その4

Q 光束法による全般照明の照度計算は以下のようにする。

$$照度(lx) = \frac{ランプの数 \times ランプの光束(lm) \times 保守率 \times 照明率}{室面積}$$

A テーブルなどの面が単位面積に受ける光束の量、面の明るさを示すのが照度で、入射光束/面積で計算されます。ランプの数×ランプの光束×保守率で、ランプを出たところの光束量が出ます。それに照明率をかけると、作業面の高さに到達する全光束量が求められます。照度は光束の密度なので、全体の面積で割ればよいわけです（答えは○）。この計算で求められるのは、均一に光が広がったと仮定した場合の平均照度です。

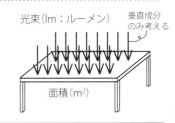

- 室指数 $= \dfrac{x \times y}{H \cdot (x+y)} = \dfrac{4 \times 3}{2 \cdot (4+3)}$
  $= \dfrac{6}{7} \fallingdotseq 0.86 \longrightarrow$ 表から 0.8
- 天井の反射率75%、壁面の反射率50%
- 照明率 0.49（室指数と反射率から）
- 保守率 0.8（保守が良好）

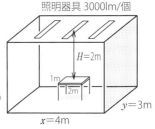

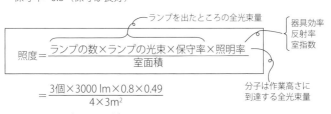

$$= \frac{3個 \times 3000\,lm \times 0.8 \times 0.49}{4 \times 3 m^2}$$

$$= 294\ (lm/m^2 = lx)$$

【ラーメン の 束】
　ルーメン　　光束

【照れる ほど ルックス がいい】
　照度　　　　lx

【 】内スーパー記憶術

答え ▶ ○

★ / R288 / ○×問題   照度計算 その5

Q 床面積100m²の部屋において、イ〜ホの条件により計算した視作業面の平均照度は約320lxである。

　イ. 照明器具：蛍光灯32W2灯用　　　　ニ. 照明率：0.65
　ロ. 照明器具の設置台数：20台　　　　　ホ. 保守率：0.7
　ハ. 32W蛍光ランプの全光束：3500（lm/灯）

A ランプの数×ランプの光束は、新品で掃除の完璧な状態でランプを出た瞬間の光束量となります（①）。汚れや劣化を考慮した、ランプを出た瞬間の光束量②は、①×保守率で計算されます。②のうち、③机まで到達する光束量は、高さ H、幅 x、奥行き y、反射率で決まります。ここでは照明率が出ているので、②×照明率で計算できます。照度とは光束の密度なので、③÷面積で求められます（④）。

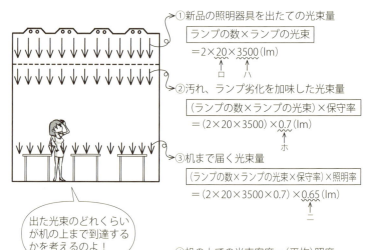

①新品の照明器具を出たての光束量
　ランプの数×ランプの光束
　＝2×20×3500（lm）
　　　ロ　　ハ

②汚れ、ランプ劣化を加味した光束量
　（ランプの数×ランプの光束）×保守率
　＝（2×20×3500）×0.7（lm）
　　　　　　　　　　　ホ

③机まで届く光束量
　（ランプの数×ランプの光束×保守率）×照明率
　＝（2×20×3500×0.7）×0.65（lm）
　　　　　　　　　　　　　ニ

出た光束のどれくらいが机の上まで到達するかを考えるのよ！

④机の上での光束密度＝（平均）照度

$$（平均）照度 = \frac{ランプの数×ランプの光束×保守率×照明率}{室面積}$$

$$= \frac{2×20×3500×0.7×0.65（lm）}{100（m^2）}$$

$$= 637（lm/m^2 = lx）$$
　　　　　　　　　　　　　（答えは×）

答え ▶ ×

★ R289 ○×問題　　照度計算　その6

Q タスクアンビエント照明は、ある特定の部分だけを照明する方式である。

A タスクtaskは作業、アンビエントambientは周辺の、環境のという意味で、タスクアンビエント照明は作業面照明と全般照明を組み合わせて省エネルギー効果を出した照明方式です（答えは×）。オフィスでは全般照明＝アンビエント照明が一般的でしたが、手元を明るくすれば周囲はある程度暗くてもよいという発想で、タスクアンビエント照明という方式が考えられました。ある特定部分だけを照明するのはタスク照明です。アンビエントはあまり聞きなれない用語なので、ここで覚えておきましょう。

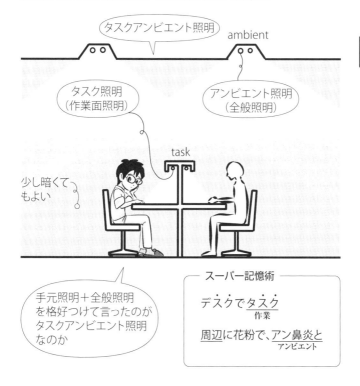

- 住宅のキッチンの照明では、手元照明＝タスク照明と部屋全体の照明＝アンビエント照明が組み合わされているのが一般的であり、元々あった手法ですが、オフィスで取り入れられるのは最近になってからです。人間の周りだけのタスク空間と部屋全体のアンビエント空調を合わせたのがタスクアンビエント空調です。

答え ▶ ×

R290 ○×問題　　UPS、CVCF

Q 1. UPSとは無停電電源装置のことであり、停電の際に、OA機器などに一時的に電力供給を行うために用いられる。
2. CVCFとは定電圧定周波装置のことであり、OA機器などの電圧と周波数を一定に保つために用いる。

A パソコン、サーバー、ルーター、電話、ファックスなどのOA機器は、電源が落ちたり、電圧や周波数が変わったりすると大変なことになります。そこでバッテリーに電気をためて、停電時にすぐに電気を供給するUPS、電圧や周波数の変動に反応して一定に保つCVCFをつなぎます（1、2は○）。UPSとCVCFは、一体となった装置とされるのが一般的です。

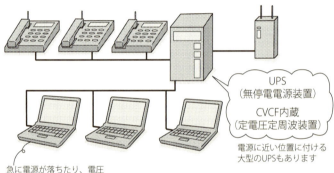

UPS（無停電電源装置）
CVCF内蔵（定電圧定周波装置）
電源に近い位置に付ける大型のUPSもあります

急に電源が落ちたり、電圧や周波数が変わったりすると、非常に困る！

UPS：Uninterruptible Power System
　　　中断させない　　電源　システム

CVCF：Constant Voltage Constant Frequency
　　　　一定の　　電圧　一定の　　周波数

- サージ保護デバイス（SPD：Surge Protective Device、surgeは大波、急上昇の意味）は落雷による雷サージ（雷による過電圧・過電流）から電気設備を保護する機器。

スーパー記憶術

電気が アップ し ないようにする装置
　　　　U　P　S

し ぶ し ぶ 電圧を一定に維持する
C　V　C　F

雷の落ちる ス ピード
　　　　　 S　P　D

答え ▶ 1. ○　2. ○

★ R291 ○×問題　　火災の種類

Q A火災は木、紙などの普通火災、B火災は電気火災、C火災は油火災のことである。

A A火災は木、紙などが燃える普通火災、B火災は油火災、C火災は電気火災です（答えは×）。

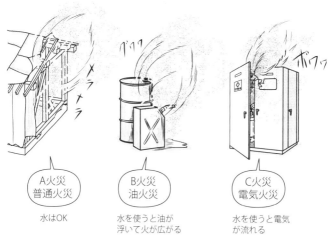

- A火災　普通火災 — 水はOK
- B火災　油火災 — 水を使うと油が浮いて火が広がる
- C火災　電気火災 — 水を使うと電気が流れる

― スーパー記憶術 ―

油ベタベタ
B火災

⇨ C ⇨ 電気火災はC火災

電流が流れる形から「C」を連想する

答え ▶ ×

★ **R292** ○×問題　　　　　　　　　　屋内消火栓設備　その1

Q 屋内消火栓設備は、火災を自動的に感知し、放水して消火する設備である。

A 屋内消火栓設備は、在居者が手動によって消火する設備です（答えは×）。まず①起動ボタンを押し、ふたを開けて②1人がノズルを持ち、③もう1人が開閉バルブを開けます。

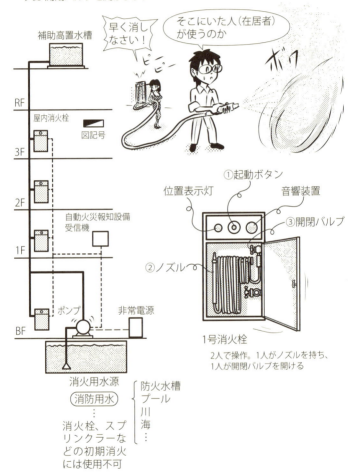

1号消火栓

2人で操作。1人がノズルを持ち、1人が開閉バルブを開ける

- 消火栓やスプリンクラーの水は建物内の消火用水源から。一方消防隊の使う水は建物外の防火水槽、プール、川、海などの消防用水からです。

答え ▶ ×

★ R293 ○×問題　　屋内消火栓設備 その2

Q 屋内消火栓設備における2号消火栓の警戒区域は、水平距離15m以内である。

A 1号消火栓は半径25m、2号消火栓は半径15mの円に平面図が入ればOKです。実際に歩く距離ではなく、平面図上での水平距離で25m、15mです（答えは○）。2号消火栓は1人でも扱えるようにしたものですが、水平距離は短くなります。

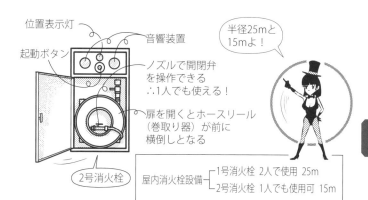

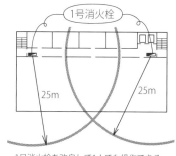

1号消火栓を改良して1人でも操作できるようにした易操作1号消火栓もある

【25mプールで消火せんとする】
　　　　　　　　　　消火栓

- スプリンクラーがない部分を補う補助散水栓の水平距離は、2号消火栓に準じるものとして15m以下とします。
- 屋外消火栓は1、2階の消火や延焼防止を目的としており、水平距離は40m以下です。

【 】内スーパー記憶術

答え ▶ ○

★ R294　○×問題　　　スプリンクラー設備　その1

Q 閉鎖型スプリンクラー設備は、火災を自動的に感知し、散水して消火する設備である。

A スプリンクラー設備は、火災を自動的に感知して散水する消火設備で、初期消火に最も効果があり、信頼性も高いものです（答えは○）。閉鎖型、開放型スプリンクラー設備とは、ヘッド（水をまく先端部）が、常に大気に閉鎖されているか開放されているかの違いです。

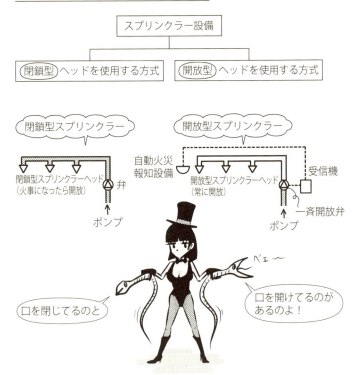

- 消火薬剤を放射するパッケージ型自動消火設備は、スプリンクラーの代替設備とすることもできます。既在建物に後付けも可能です。

答え ▶ ○

★ R295　○×問題　　スプリンクラー設備　その2

Q 閉鎖型スプリンクラー設備には、湿式、乾式、予作動式の3種類がある。

A 閉鎖型スプリンクラー設備には、ヘッドまで水が入った湿式、弁からヘッドまで圧縮空気の入った乾式、乾式でさらに感知器で自動開放する弁を備えた予作動式の3種があります（答えは○）。

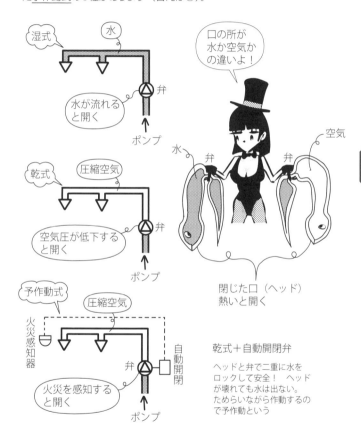

乾式＋自動開閉弁

ヘッドと弁で二重に水をロックして安全！ ヘッドが壊れても水は出ない。ためらいながら作動するので予作動という

- 天井の高い部屋には、放水型スプリンクラーが用いられます。放水型には可動式ヘッドと固定式ヘッドがあります。

答え ▶ ○

★ **R296** 〇×問題　　　　　　　　　　　　　　　水噴霧消火設備

Q 水噴霧消火設備は、油火災の消火には適さない。

A スプリンクラーで水をかけると、油火災では油が浮いて火が広がってしまい、電気火災では電気が流れて危険です。水噴霧消火設備は、水の微粒子を噴霧するもので、火災の熱で水の微粒子は瞬時に蒸発し、熱を奪います。また空気を遮断して、酸素を断ちます。水噴霧消火設備は冷却効果と窒息効果で油火災、電気火災も消火できます（答えは×）。

油火災 〇　　　　　　　　　電気火災 〇
（B火災）　　　　　　　　　（C火災）

─── スーパー記憶術 ───

霧 の都ロンドンで習う 基礎英語
水噴霧　　　　　　　　　A、B、C
　　　　　　　　　　　　火災

答え ▶ ×

★ R297 ○×問題　　　　泡消火設備

Q 泡消火設備は、泡により燃焼面を覆うことで空気の供給を絶つとともに、冷却効果により消火を行い、油火災に対して有効な消火設備である。

A 泡消火設備は、泡による窒息効果と冷却効果で消火するもので、普通火災（A火災）と油火災（B火災）に有効です（答えは○）。駐車場の火災（油火災）などで使えます。泡は電気を通すので、電気火災（C火災）には不可です。

油火災 ○　　駐車場火災 ⇨ 油火災 ○
（B火災）　　　　　　　　（B火災）

泡は油火災は○だけど電気は通すから×よ！

――― スーパー記憶術 ―――

（せっけんの）<u>泡</u> で <u>油</u> を取る
　　　　　　泡消火　油火災

- 駐車場の消火には、水噴霧、泡、粉末、不活性ガス、による消火設備が使えます。

【<u>スプレー</u>、<u>石けん</u>、<u>粉石けん</u>、<u>息吹き</u>で <u>車</u> を洗う】
　　噴霧　　　泡　　　粉末　　　　不活性ガス　駐車場

【 】内スーパー記憶術

答え ▶ ○

R298 ○×問題　　不活性ガス消火設備

Q 1. 不活性ガス消火設備は、電気火災には適さない。
2. 二酸化炭素を放出する不活性ガス消火設備の設置場所は、常時人がいない部分とする。

A 不活性ガス消火設備は、二酸化炭素、窒素、アルゴンなどの不活性ガス（燃焼しないガス）を吹き出すことで酸素を追い出し、窒息効果で火を消します。人体に有毒なため、人がいない部分でしかも水損を嫌う電気室、コンピュータ室、閉架書庫などに適しています（1は×、2は○）。ハロゲン化物ガスは、オゾン層を破壊するため、使われなくなりました。

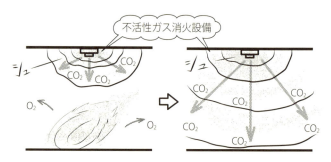

不活性ガス（二酸化炭素CO_2、窒素N_2、アルゴンArなど）で酸素（O_2）を追い出して火を止める。不活性ガスはイナートガス（inert：不活性の）とも呼ばれる

【彼女いないと　元気出ない】
　　イナート　　　不活性

【　】内スーパー記憶術

答え▶ 1. ×　2. ○

★ R299 ○×問題　　　粉末消火設備

Q 粉末消火設備は、微細な粉末の薬剤を使用するものであり、凍結しないので寒冷地に適する。

A 粉末消火設備は、粉末消火剤が分解して発生する二酸化炭素や燃焼物表面を覆う窒息効果で、火を消します。油火災（B火災）、電気火災（C火災）に有効で、成分によっては普通火災（A火災）は不可となります。駐車場、飛行機格納庫、電気室、ボイラー室などに使われます。水を使わないので凍結の心配がなく、寒冷地にも適しています（答えは○）。

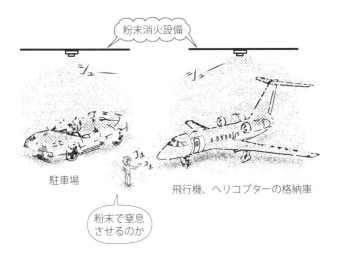

粉末消火剤 → 分解してCO_2 ┐
　　　　　 → 燃焼物表面を覆う ┘ 窒息効果

飛行機、ヘリコプターの格納庫　　　　　　　　　┐
一定規模以上の駐車場、自動車修理工場　　→ 粉末消火設備設置が義務
一定規模以上の電気室、ボイラー室　　　　　　　┘

--- スーパー記憶術 ---

　　粉　末　は風で　飛　ぶ
　　粉末消火　　　　飛行機の格納庫

答え ▶ ○

R300 〇×問題　連結送水管

Q 連結送水管の放水口は、建築物の使用者が火災の初期段階において、直接消火活動を行うために設置する。

A 連結送水管は、消防ポンプ車のホースと連結して送水する管で、消防隊が使うための設備です（答えは×）。消防隊は非常用昇降機（普段は一般用で使用可）で上階に上がり、放水口にホースをつないで消火に当たります。

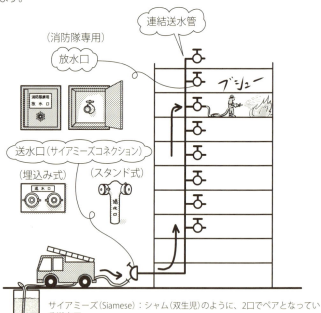

サイアミーズ（Siamese）：シャム（双生児）のように、2口でペアとなっている送水口。
消防法で2口と決められている。ポンプ切替えの際、2口あるとスムーズにいく。

- 放水口は3階以上と地下階に設け、各部分からの水平距離は50m以下とします。

【50m プールで リレー】
　　　　　　　　　　連結

【　】内スーパー記憶術

答え ▶ ×

★ R301 ○×問題 連結散水設備

Q 連結散水設備は、地階の火災発生に備えて天井部分に散水ヘッドを設置し、火災時に消防ポンプ車から送水口、配管を通じて送水を行い、消火する設備である。

A 連結散水設備は、消防ポンプ車のホースを連結してヘッドから散水する設備です。煙や熱がこもりやすい地階や地下街などでは、消防隊が入りにくいので、連結散水設備を設置します（答えは○）。

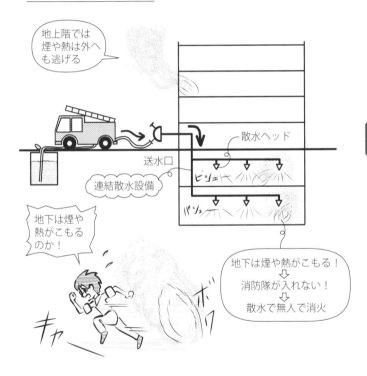

答え ▶ ○

★ R302 まとめ 消火設備のまとめ

今まで述べた消火設備をまとめておきます。代表的な8種の消火設備と、その効果をまず覚えてしまいましょう。

	普通火災 (A火災)	油火災 (B火災)	電気火災 (C火災)	【油 ベタベタ】 　　B火災 【 電気火災 　　はC火災】
屋内消火栓設備	○	× (広がる)	× (通電する)	在居者が使う 1号消火栓：2人、25m 2号消火栓：1人、15m
スプリンクラー設備	○	× (広がる)	× (通電する)	閉鎖型┬湿式 　　　├乾式 　　　└予作動式 開放型
水噴霧消火設備	○	○	○	【霧 の都ロンドンで 　水噴霧 　　習う基礎英語】 　　A、B、C火災
泡消火設備	○	○	× (通電する)	（せっけんの） 【泡 で 油 を取る】 　泡消火　油火災
不活性ガス消火設備	△ (人体に有害)	○	○	常時人のいる所は×
粉末消火設備	△ (成分による)	○	○	成分によってはA火災× 【粉 末 は風で 飛 ぶ】 　粉末消火　　飛行機の 　　　　　　　格納庫
連結送水管	○	× (広がる)	× (通電する)	消防ポンプ車で送水 消防隊が使う
連結散水設備	○	× (広がる)	× (通電する)	消防ポンプ車で送水 地階、地下街は○

【　】内スーパー記憶術

R303 ○×問題　　自動火災報知設備　その1

Q 1. 自動火災報知設備は、熱または煙を自動的に感知し、受信機、音響装置により報知する設備である。
2. 自動火災報知設備の発信機は、手動によって火災信号を受信機に発信するものである。

A 自動火災報知設備は、火災を感知器で自動的に感知するか、発信機で手動によって発信することで受信機に信号を送り、受信機は表示灯、ベルで報知し、消火設備を起動させ、消防署への通報も行う設備です（1、2は○）。

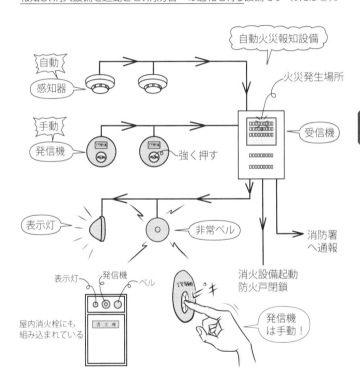

- 自動火災報知設備の配線は、他の配線と同一配管内にしてはいけません。ほかの配線は、火災時の仕様になっていないからです。
- 非常ベル（地区音響装置）には、一斉鳴動（めいどう）方式と区分鳴動方式があります。区分鳴動方式は、火災階とその直上階から上に限定して鳴らし、パニックが起きないようにしています。

答え ▶ 1. ○　2. ○

R304 ○×問題 自動火災報知設備 その2

Q P型受信機は、R型受信機と異なり、固有信号による伝送方式なので信号線を少なくすることができる。

A P型受信機は、各警戒区域と1対1で信号線を結んで共通の火災信号を受けるので、信号線が多く必要です。一方R型受信機は、中継器で共通の火災信号を固有信号に変換して1本の線で受信機と結ぶので、信号線が少なくてすみます（答えは×）。R型受信機側では、その固有信号がどこの警戒区域かを把握して表示することができます。

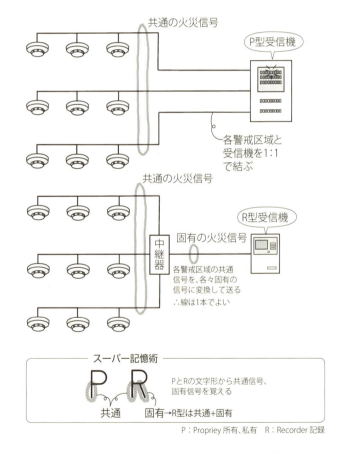

P：Propriey 所有、私有　R：Recorder 記録

- バッテリーが内蔵されていない受信機と非常用電源間は、耐火配線とします。

答え ▶ ×

R305 ○×問題　　自動火災報知設備　その3

Q 自動火災報知設備の煙感知器は、煙により作動し、熱によっては作動しない。

A 自動火災報知設備の感知器には、下図のように、煙感知器、熱感知器、炎感知器があります。それぞれ煙のみ、熱のみ、炎のみで作動します（答えは○）。一般的な居室では煙感知器、日常的に煙を出すキッチンなどでは熱感知器、天井が高くて煙や熱がなかなか到達しない部屋は炎感知器を使うなどします。

答え ▶ ○

★ R306 ○×問題　　自動火災報知設備　その4

Q 1. 自動火災報知設備の定温式熱感知器は、周囲温度が一定の温度上昇率になったときに作動する。
2. 自動火災報知設備の差動式熱感知器は、周囲温度が一定値以上に上昇したときに作動する。

A 定温式熱感知器は、定まった温度、たとえば80℃などで作動する感知器。差動式熱感知器は、温度差が一定以上で一定時間以内、たとえば30秒以内で20℃以上で作動する感知器です。エアコンで何分もかかって20℃上がっても作動せず、急上昇時のみ反応します。1、2の説明は逆です（1、2は×）。

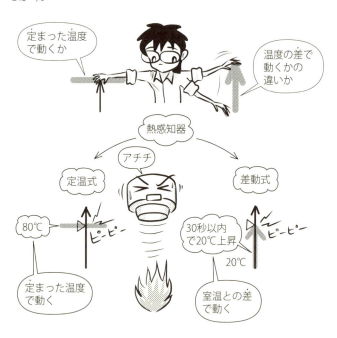

- 緩やかな温度上昇では定温式、急上昇では差動式と両方をあわせもつ補償式感知器もあります。

答え ▶ 1. ×　2. ×

★ R307 ○×問題　　煙感知器と熱感知器　その1

Q 煙感知器にはスポット型と分離型、熱感知器にはスポット型と分布型がある。

A 煙感知器には、点（spot）を何カ所かに置くスポット型と、投光部、受光部によって感知する分離型があります。また熱感知器には、点を置くスポット型と、空気管が部屋全体を覆う分布型があります（答えは○）。いずれもスポット型が一般的です。

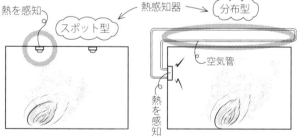

答え ▶ ○

★ / R308 / ○×問題　　　煙感知器と熱感知器　その2

Q 各種感知器の図面記号は、以下のようになる。

スポット型煙感知器	Ⓢ
差動式スポット型熱感知器	⌒

A スポット型煙感知器、定温式スポット型熱感知器、差動式スポット型熱感知器の図面記号は以下のようになります。3つの煙・熱感知器記号の違いを、しっかり覚えておきましょう（答えは○）。

スポット型煙感知器	Ⓢ	S：Smoke
定温式スポット型熱感知器	⌒	
差動式スポット型熱感知器	⌒	

定温式と差動式を覚えるのよ！

― スーパー記憶術 ―

温度計（熱感知）
⇐ ひとつの温度　∴定温式
⇐ 温度差　∴差動式

温度計の球から熱感知を連想。横線1本から定温、2本から差動を連想する

答え ▶ ○

322

★ R309 ○×問題 非常警報設備 その1

Q 非常警報設備は、火災の感知と音響装置による報知とを自動的に行う設備である。

A 非常警報設備は、押しボタンを押すことにより、非常ベルやサイレンを鳴らします（答えは×）。建物（消防法では防火対象物という）の用途、規模によって設置を義務付けられます。自動火災報知設備があれば押しボタン式の非常ベルの設置は、免除されることがあります。また収容人数が多い場合、地階や無窓階の場合は、放送設備が義務付けられることがあります。

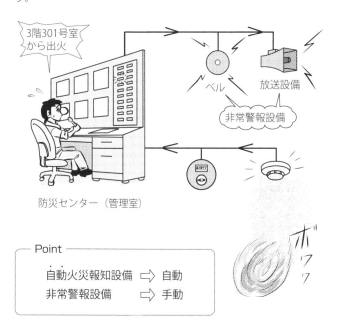

防災センター（管理室）

- Point
  - 自動火災報知設備 ⇨ 自動
  - 非常警報設備 ⇨ 手動

答え ▶ ×

★ / R310 / ○×問題　　　　　　　　　非常警報設備　その2

Q 非常警報設備の非常ベルは、音響装置の中心から1m離れた位置で90dB以上の音圧が必要である。

A 非常警報設備の警報音は、非常ベルの中心から1m離れた位置で90dB以上の音圧が必要と定められています（答えは○）。

音の強さのレベル
$$= 10 \log_{10} \frac{I}{I_0} \text{(dB)}$$
$$\left(\frac{I}{I_0} = \frac{P^2}{P_0^2} \text{なので}\right)$$
$$= 10 \log_{10} \frac{P^2}{P_0^2} \text{(dB)}$$
$$= \text{音圧レベル}$$
$\left(\begin{array}{l}I：強さ\quad I_0：最小可聴音の強さ\\P：音圧\quad P_0：最小可聴音の音圧\end{array}\right)$

― スーパー記憶術 ―

<u>クレーム</u>　<u>出る</u>　ほどの音
　9　0　　デシベル

- 音圧については拙著『ゼロからはじめる［環境工学］入門』を参照してください。

答え ▶ ○

★ R311 ○×問題　　住宅用火災警報器

Q 住宅用火災警報器を屋内の天井に取り付ける場合には、壁または梁から 0.6m 以上、換気口などの空気吹出し口から 1.5m 以上離れた位置とする。

A 住宅用火災警報器とは、感知部と警報部が一体となった警報器で、バッテリー内蔵の安価なものが多いです。壁と天井、梁と天井のコーナー部分や吹出し部分は煙や熱が回りにくいので、壁や梁から 0.6m 以上、吹出し口から 1.5m 以上離さねばなりません（答えは○）。

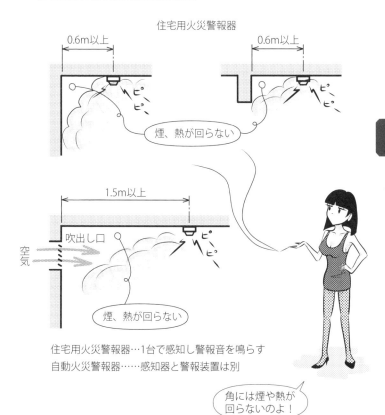

住宅用火災警報器…1台で感知し警報音を鳴らす
自動火災警報器……感知器と警報装置は別

角には煙や熱が回らないのよ！

- 住宅用火災警報器は、消防法や条例で設置が定められています。

答え ▶ ○

R312 ○×問題　ドレンチャー設備

Q ドレンチャー設備は、隣接する建物や他の防火区画の部分からの延焼を防止する設備である。

A ドレンチャーとは水幕をつくって延焼を防止する設備です。外壁の窓や防火区画の開口部に設ける、防火戸や防火シャッターの役割を担う建築基準法で定められる設備です（答えは○）。外壁開口部に設けるドレンチャーは、ほとんど使われていません（重要文化財の寺社などの延焼防止のため、ドレンチャーを外壁開口に設ける場合があります）。

答え ▶ ○

★ R313 ○×問題　　　防火ダンパー

Q 防火ダンパーとは、防火区画を貫通する空気調和設備や換気用ダクトに設ける、火災時に自動的に閉鎖する遮へい板のことである。

A 防火ダンパーは、防火区画を貫通するダクトにおいて、火災時に閉鎖して火や煙が防火区画をまたがないようにする板です。ヒューズ（熱で溶ける金属）が溶けて、パタンと閉じる仕組みです（答えは○）。給排水管や電線管が防火区画を貫通する部分では、管が溶けて壁に孔があかないように、防火区画から1m以内を不燃材で覆わなければなりません。両者とも建築基準法上の規定です。

damp：（活力、勢いを）そぐ、はばむ　　damper：そぐもの、はばむもの

- 排煙設備は建築基準法に排煙口の大きさ（防煙区画部分の床面積の1/50以上）、排煙口までの距離（防煙区画部分から30m以下）、防煙区画（床面積500m²以下）などが定められています。排煙機＋排煙ダクトを使わない中小規模の建物では、意匠設計サイドが気を使うところです。

答え ▶ ○

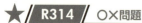

★ R314 ○×問題　　非常用照明・誘導灯　その1

Q 非常用の照明装置の予備電源は、停電時に、充電を行うことなく30分間以上継続して点灯できるものとする。

A 非常用の照明装置は、停電時に予備電源（主にバッテリー）からの電気で30分以上、床面で1lx（ルクス）以上の照度で点灯する装置で、建築基準法に定められています（答えは○）。

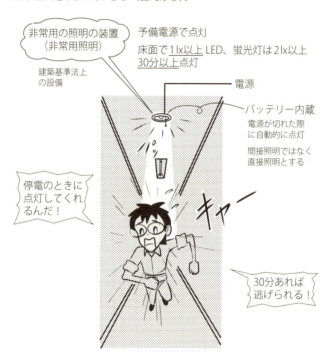

答え ▶ ○

★ R315 ○×問題　　非常用照明・誘導灯　その2

Q 誘導灯には、避難口誘導灯、通路誘導灯、客席誘導灯の3区分がある。

A 消防法で定められた誘導灯には、避難の出口を示す避難口誘導灯、廊下や階段などの通路誘導灯、劇場、映画館などの客席通路を照らす客席誘導灯の3区分があります（答えは○）。常時点灯しているほか、停電時には20分以上点灯する必要があります。誘導灯は消防法に定められています。

（避難口誘導灯）

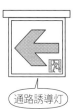
（通路誘導灯）

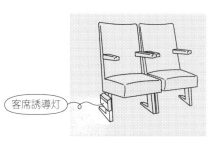
（客席誘導灯）

逃げ道を誘導してくれるのか

- Point

　非常用照明…建築基準法　　停電時30分以上点灯

　誘導灯　……消防法　　　　常灯＋停電時20分以上点灯

【通　路】
20分

● 建築基準法（国土交通省管轄）、消防法（総務省消防庁管轄）などの準拠法や、30分、20分などの点灯時間は統一してほしいと思うのは、筆者だけでしょうか。

【　】内スーパー記憶術

答え ▶ ○

★ / R316 / ○×問題　　　　　　　　　非常用照明・誘導灯　その3

Q 誘導灯、非常用照明の図面記号は以下のようになる。

誘導灯	白熱灯 （LED） ●	蛍光灯 （直管型LED） ⬛
非常用照明	白熱灯 （LED） ⊗	蛍光灯 （直管型LED） ⬛⊗

A 非常用照明は停電時のみ点灯で黒丸、誘導灯は常時点灯、停電時も点灯で黒と白の混ざった丸の記号となります（答えは×）。なお小さな黒丸（●）は点滅器（照明用スイッチ）で、黒丸の横に3($●_3$)は3路スイッチ、黒丸の横にP($●_P$)はプルスイッチ、黒丸の横にR($●_R$)はリモコンスイッチを指します。

一般照明	白熱灯 （LED） ○	蛍光灯 （直管形LED）
非常用照明	白熱灯 （LED） ●	蛍光灯 （直管形LED）
誘導灯	白熱灯 （LED） ⊗	蛍光灯 （直管形LED）

「黒は停電時点灯よ！」

― スーパー記憶術 ―

● ⇨ まっ暗 ⇨ 停電時点灯
　　　　　　　　（非常用照明）

⊗ ⇨ まっ暗＋点灯 ⇨ 停電時点灯＋常時点灯
　　　　　　　　　　　（誘導灯）

- 誘導灯は場合によっては、人感センサーによる点灯や段階的調光による減光が認められることがあります。

答え ▶ ×

★ R317 ○×問題　　　　　　非常用エレベーター

Q 非常用エレベーターは、建築物を利用する者の避難を主な目的として計画する。

A 非常用エレベーターは、消防隊が火災時に使用するためのものです（答えは×）。平常時は一般用や、右図のようにサービス用として使うことができます。

　はしご車の届かない31mを超える階で設置義務があります。

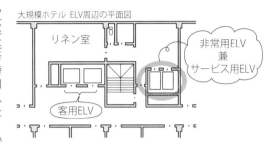

大規模ホテル ELV周辺の平面図

- エレベーター機械室の床面積は、昇降路の2倍以上とします（建築基準法施行令129の9）。ただし非常用エレベーターの場合はその必要がありません。

答え ▶ ×

★ / **R318** / ○×問題　　　エレベーターの非常停止

Q
1. 乗用エレベーターは、地震感知器が感知した場合は、避難階に停止させる。
2. 機械室が屋上階にある乗用エレベーターの地震感知器は、P波感知器を機械室に、S波感知器を昇降路底部に設置した。

A
地震時には最寄り階に停止させて、地震による機器の損傷を防ぎます。また火災時には避難階に停止させて、避難をスムーズにします。火災時に最寄り階に停止させると、火災階よりも上階になった場合、避難できなくなる可能性があります（1は×）。

P波感知器は、最初に来るビリビリと振動する縦波を感知しやすいように、地面に近い建物下部に設置します。一方S波感知器は、後にくるユラユラと揺れる横波を感知しやすいように、建物上部に設置します。設問の感知器の位置は逆（2は×）。

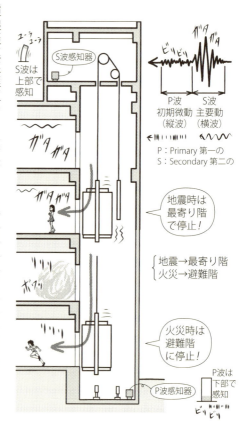

答え ▶ 1. ×　2. ×

R319 ○×問題　　フラッシュオーバーまでの時間

Q 火災発生時において、フラッシュオーバーに至る時間が長い方が、避難に有利である。

A フラッシュオーバーとは爆発的燃焼のことで、火災初期からフラッシュオーバーまでの時間が長いほど、避難しやすくなります（答えは○）。

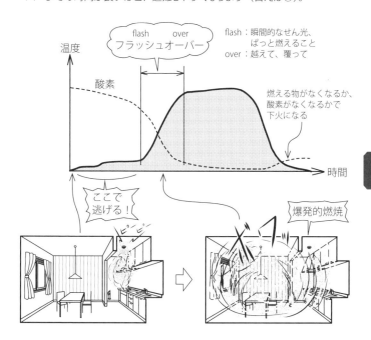

- バックドラフト（back draft）：火災で少なくなった酸素が窓が割れるなどで一気に流れ込み、爆発的燃焼を起こし、消防士を後ろ（バック）へやるような気流（ドラフト）が生じることです。映画で有名になった用語ですが、フラッシュオーバーと同義に使われることがあります。

答え ▶ ○

★ **R320** ○×問題 群集歩行速度

Q 多数の人が廊下を同一方向に、同時に避難するときの群集歩行速度は、約1.0m/sとして計画する。

A 群集密度が1.5人/m²のとき、群集歩行速度は約1.0m/sです（答えは○）。階段での歩行速度は、廊下よりも遅くなります。階段に廊下から一気に人が流れ込まないように、階段への出入口は階段幅より小さくします。

1.5人/m²のとき 1.0m/s
1.0m/s＝3600m/h＝時速3.6km

答え ▶ ○

★ / R321 / ○×問題　　　LCC（ライフサイクルコスト）

Q LCC（ライフサイクルコスト）とは、建築物、建築設備などの建設、製造から運用、解体、廃棄に至るまでに必要とされる総費用、生涯費用のことである。

A 建設、運用、解体にかかる費用をすべて足した総コストが、ライフサイクルコスト（Life Cycle Cost）、略してLCCです（答えは○）。たとえばRC造は木造よりも、建設費は約2倍かかりますが、解体費も約2倍かかります。エレベーターの保守管理費は、毎月1台当たり、5万〜10万円程度、電気代も数万円程度かかります。建設当初から、LCCを意識することが、経済的にも省エネルギーの面でも重要です。

- 格安航空会社（Low Cost Carrier）のLCCの方が有名ですが、建築関係者はLife Cycle Costも英語ごと覚えておきましょう。

答え ▶ ○

★ R322 ○×問題　　LCCO₂（ライフサイクルCO₂）

Q LCCO₂（ライフサイクルCO₂）とは、建築物、建築設備などの建設、製造から運用、解体、廃棄に至るまでに発生する二酸化炭素（CO₂）の総量のことである。

A ライフサイクルコスト（LCC）がすべての過程でかかる総コストであるのに対して、ライフサイクルCO₂（LCCO₂）は、すべての過程で排出されるCO2の総量（kg）です（答えは○）。地球温暖化ガスであるCO₂の排出量を抑えるためにつくられた指標です。資材、廃材別に、1m³当たりの概算のCO₂量が提示されています。

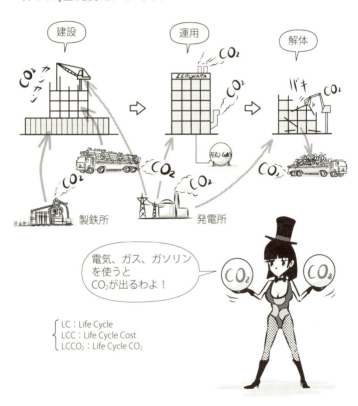

- LC : Life Cycle
- LCC : Life Cycle Cost
- LCCO₂ : Life Cycle CO₂

答え ▶ ○

★ R323 ○×問題　　　　　　　　　　　　　　　　　　CO₂排出量

Q 建築関連のCO₂排出量において、「建設にかかわるもの」と「運用時のエネルギーにかかわるもの」との排出割合は、ほぼ同じである。

A CO₂排出量は、住宅とビルで約1/3を占めます。そのうち建設解体時が約1/3、運用時が2/3となります（答えは×）。建物は30〜40年と長期間使い続けるので、運用時の排出量は大きくなります。

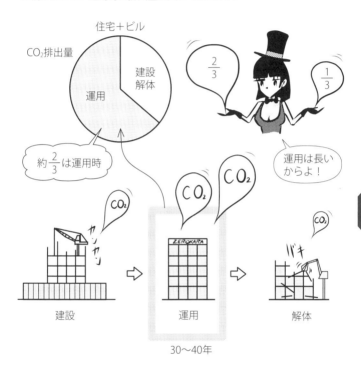

答え ▶ ×

★ **R324** 〇×問題 　　LCA（ライフサイクルアセスメント）

Q 1. LCA（ライフサイクルアセスメント）とは、資源採取、製造、使用、リサイクル、廃棄の全過程でのエネルギー消費量、二酸化炭素（CO_2）、窒素酸化物（NOx）排出量などを分析して環境への影響を評価することである。
2. 使用する設備機器を、LCAにより評価し、選定した。

A アセスメント（assessment）とは評価という意味です。製造から廃棄までのライフサイクルで、あらゆる環境への影響を評価することを、ライフサイクルアセスメント（LCA）といいます。評価方法は、ISO（International Organization for Standardization：国際標準化機構）で定められています。設備機器などの製品単体から、建物全体にも適用されます（1、2は〇）。

― スーパー記憶術 ―

　　　　汗吸う綿と 下着を 評価
　　　　　assessment

答え ▶ 1. 〇　2. 〇

★ R325 ○×問題　　CASBEE その1

Q CASBEEは、「建築物のライフサイクルを通じた評価」「建築物の環境品質と環境負荷の両側面からの評価」および「建築物の環境性能効率BEEでの評価」という3つの理念に基づいて開発されたものである。

A CASBEE（キャスビー）とは、下図のような3つの評価に基づいてS、A、B+、B−、Cのランクに格付けする、建築環境の評価システムです（答えは○）。サステナブル（sustainable：持続可能な）建築へのニーズから2001年に国土交通省支援のもと、産学官共同プロジェクトとして設立され、以降、開発とメンテナンスが行われています。

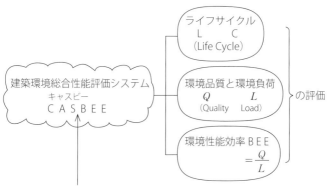

Comprehensive　Assessment　System　for　Built　Environment　Efficiency
　総合的　　　　評価　　　システム　～のための　建てられた　　環境　　　　効率

答え ▶ ○

★ **R326** 〇×問題 CASBEE その2

Q CASBEEにおけるBEEは、値が小さいほど建築物の環境性能が高いと判断される。

A 環境品質、性能を0〜100の数値としたQを、環境負荷を0〜100の数値としたLで割ったものがBEEです。少ない負荷Lに対して大きな品質Qならば、すなわちQ/Lが大きければ性能が高いと評価されます（答えは×）。環境性能の格付けは、下図のように、SランクからCランクまでの5段階で表されます。

$$BEE（建築物の環境効率）= \frac{Q（建築物の環境品質）}{L（建築物の環境負荷）}$$

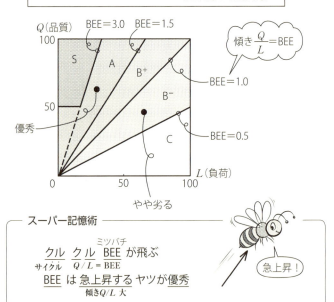

― スーパー記憶術 ―

<u>クル</u> <u>クル</u> <u>BEE</u> が飛ぶ
サイクル　Q/L＝BEE

<u>BEE</u> は <u>急上昇する</u> ヤツが優秀
　　　　　傾きQ/L 大

答え ▶ ×

★ R327 ○×問題　　　　　　　　　　　　CASBEE その3

Q CASBEEにおいて、建築物の設備システムの高効率化評価指標として用いられるERRは、「評価建物の省エネルギー量の合計」を「評価建物の基準となる1次エネルギー消費量」で除した値である。

A ERRは、設備における1次エネルギー低減率です（答えは○）。分子を削減（Reduction）量、分母を全体の消費量として計算します。ERRは大きい方が、省エネルギー効果が大となります。

$$\underset{\text{E R R}}{\text{イーアールアール}} = \frac{\text{省エネルギー量(J)}}{\text{基準1次エネルギー消費量(J)}}$$

基準値からの低減量

Energy Reduction Rate
エネルギー 削減 率

加工される前のエネルギー（石炭、石油、天然ガスなど）に換算した（加工で失われたエネルギーを加えた）消費量

ERR＝ 削減量 / 全体の量

どれくらい減らしたかよ！

―― スーパー記憶術 ――

省エネ できて 偉い！
　　　　　　　　ERR

- 石炭、石油、ガスなどの1次エネルギーを加工した電力などの2次エネルギーは、加工の過程でロスが出るので、1次エネルギーの消費量よりも大きくなります。

答え ▶ ○

R328 まとめ CASBEE その4

CASBEEで使われる代表的指標をまとめておきます。

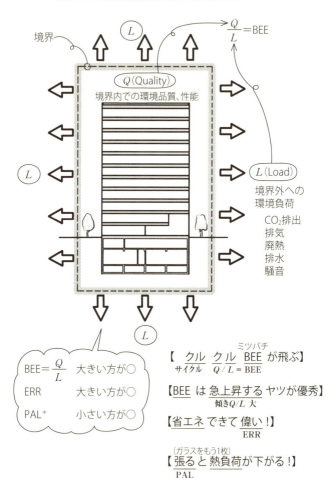

- PAL*はR062を参照してください。

【 】内スーパー記憶術

★ / R329 / ○×問題　　　ZEBの定義

Q ZEBは、省エネルギー＋創エネルギーで基準1次エネルギー消費量から100%以上の削減を実現している建物である。

A 経済産業省資源エネルギー庁が定義した省エネルギー基準で、年間1次エネルギー消費量が正味ゼロかマイナスの建物をZEB（ゼブ：net Zero Energy Building）と呼びます（答えは○）。省エネルギー＋創エネルギーによる1次エネルギー削減量により、以下の4段階に分けられています。

100%以上	75%以上	50%以上	
ZEB	> Nearly ZEB	> ZEB Ready	> ZEB Oriented
	（ほぼZEB）	（ZEBの準備段階）	（ZEBを目指している）

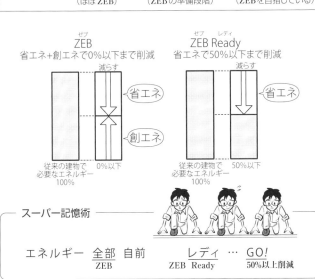

1次エネルギーとは、自然から直接取れるエネルギーのことで、石油、石炭、天然ガス、水力、風力、太陽光、原子力などを指します。電気などの2次エネルギーは、1次エネルギーに換算して消費量を求めます。1次エネルギー消費量基準が定められており、それに対してどれくらい削減されているかによってZEBのグレードが決まります。ZEBの住宅版がZEH（ゼッチ：net Zero Energy House）です。

答え ▶ ○

★ R330 ○×問題　BEIの定義

Q 建築物の省エネルギー基準における1次エネルギー消費性能の評価指標BEIは、「評価建築物の省エネルギー量の合計」を「評価建築物の基準となる1次エネルギー消費量」で除した値として定義される。

A BEI (Building Energy Index) は、「設計1次エネルギー消費量E_T」を「基準1次エネルギー消費量E_{ST}」で除した値です（答えは×）。地域、用途などにより定められた基準建築物の基準1次エネルギーに対して、設計建築物の設計1次エネルギー消費量がどれくらいかの比がBEIです。

― スーパー記憶術 ―

ベイエリア（湾岸）にくる1次エネルギー
　BEI

$$ERR = \frac{省エネルギー量\ (J)}{基準1次エネルギー消費量(J)}$$　削減量 Reduction

　BEIが小さいほど設計1次エネルギー消費量が小さく、省エネ性能が高くなります。設問はCASBEEのERR（Energy Reduction Rate）です。分子に1次エネルギー消費量がくるのがBEI、1次エネルギー削減量がくるのがERRです。

答え ▶ ×

★ R331 ○×問題　　　　　　　　　　　　　　　　　　　　BELS

Q 建築物省エネルギー性能表示制度（BELS）の5段階のマークは、BEIの値が大きいほど星の数が増える。

A 建築物省エネルギー性能表示制度BELS（ベルス：Building-housing Energy-efficiency Labeling System）は、省エネルギー性能を第三者評価機関が評価して、5段階の星数で認定する制度です。BEIは1次エネルギーを基準に対してどれくらい消費するかの比で、BEIが大きいほど1次エネルギーを消費することになり、BELSの星数は少なくなります（答えは×）。

BELS表示マーク

$$BEI = \frac{設計1次エネルギー消費量}{基準1次エネルギー消費量}$$

基準1次エネルギー消費量に対する削減率

省エネ基準、誘導基準に対して、評価建物のレベルを表示

BEIが小さい方が星数が多いのよ！

【ベルマーク】
BEL

- BELSは任意の制度ですが、ZEHの補助金の申請には、BELS評価書の提出が必須となっています。

【　】内スーパー記憶術

答え ▶ ×

R332 重要な用語、数字は繰り返して完全に覚えよう！

▼英略語

シーオーピー COP

$$成績係数\ COP = \frac{冷暖房能力(kW)}{消費電力(kW)}$$

（最大能力時の効率）　大きい方が○

Coefficient Of Performance
　係数　　　　性能

【<u>コップ</u>が大きい方が、氷がいっぱい入る】
　　COP　　　　　　　　　冷房効率がよい

冷凍機のCOP

膨　圧

$$COP = \frac{H}{W}\ 大$$
効率がよい

奪う熱 H　　圧縮の仕事 W

エーピーエフ APF

$$APF = \frac{年間で除去・供給した熱量(kWh)}{年間で消費する電力量(kWh)}$$

（年間での効率）　大きい方が○

Annual Performance Factor
年間の　性能　　因子

【<u>アンパンファン</u>！<u>一年中</u> <u>食べる</u>】
　A　P　F　　　　通年　除去した熱量

パル PAL　パルスター（PAL*）

年間熱負荷係数　　　　　　　　　　メガジュール

$$PAL = \frac{ペリメーターゾーンの年間熱負荷(MJ/年)}{ペリメーターゾーンの床面積(m^2)}$$

Perimeter Annual Load
　外周の　　年間　負荷

小さい方が○

ペリメーターゾーン／5m　インテリアゾーン（内部ゾーン）

【（ガラスをもう1枚）<u>張る</u>と <u>熱負荷が下がる</u>！】
　　　　　　　　　PAL

346

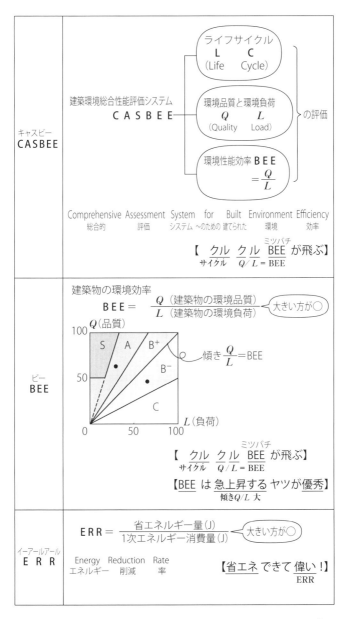

★ R333 check ▶ □□□

エルシーシー **L C C**	ライフ　サイクル　コスト　← 小さい方が○ **L**ife　**C**ycle　**C**ost 建設、運用、解体にかかる費用をすべて足した総コスト
エルシーシーオーツー **L C C O₂**	ライフ　サイクル　シーオーツー　← 小さい方が○ **L**ife　**C**ycle　　**CO₂** 建設、運用、解体で排出されるCO_2の総量（kg）
エルシーエー **L C A**	ライフ　サイクル　アセスメント **L**ife　**C**ycle　**A**ssessment ライフサイクルであらゆる環境への影響を評価すること 【<u>汗吸う綿と</u>　<u>下着を</u>　<u>評価</u>】 assessment
ゼブ **Z E B**	net **Z**ero **E**nergy **B**uilding 1次エネルギー削減量 100％以上の建物 【エネルギー　<u>全部 自前</u>】 ZEB
Nearly ZEB	ほぼZEB 1次エネルギー削減量 75％以上の建物
ZEB Ready	ZEBの準備段階 1次エネルギー削減量 50％以上の建物 【<u>レディ</u>‥‥<u>Go !</u>】 ZEB Ready　　　50％以上
ZEB Oriented	ZEBを目指している建物
ゼッチ **Z E H**	net **Z**ero **E**nergy **H**ouse 1次エネルギー削減量 100％以上の住宅

〈348〉

ベイ B E I	Building Energy Index $BEI = \dfrac{\text{設計1次エネルギー消費量 } E_T}{\text{基準1次エネルギー消費量 } E_{ST}}$ $= \dfrac{(J)}{(J)} = 0.8$ 【ベイエリア（湾岸）にくる1次エネルギー】 <u>BEI</u> BEIは小さいほど○ ERRは大きいほど○
ベルス B E L S	Building-housing Energy-efficiency Labeling System 建築物省エネルギー性能表示制度 BELS 建築物省エネルギー性能表示制度 ☆☆☆☆☆　小 ☆☆☆☆ ☆☆☆ ☆☆ ☆　　　　　大 BEI 基準1次エネルギー消費量に 対する削減率 【ベルマーク】 <u>BEL</u>
シーエーブイ C A V	Constant Air Volume　定風量単一ダクト方式 一定の　空気　量 定風量で単一ダクトで冷暖房の空気を送る空調方式
ブイエーブイ V A V	Variable Air Volume　変風量単一ダクト方式 変えられる 空気　量 風量を変えて単一ダクトで冷暖房の空気を送る空調方式 【（あかちゃんが）バブバブ言ったら風を緩める】 　　　　　　　　　<u>VAV</u>　　　　　　<u>変風量</u>
シーダブリューブイ C W V	Constant Water Volume　定流量方式 一定の　　水　　量 定水量をファンコイルユニットに送る空調方式

ブイダブリューブイ **V W V**	<u>V</u>ariable <u>W</u>ater <u>V</u>olume　<u>変流量方式</u> 変えられる　水　量 水量を変えてファンコイルユニットに送る空調方式 勝利 【<u>省エネに V !</u>】　　省エネにV ! 　　　　<u>V</u>AV 　　　　<u>V</u>WV
ピーアイディー **P I D** 制御	<u>P</u>roportional <u>I</u>ntegral <u>D</u>ifferential　制御 比例の　　積分の　　　微分の 比例、積分、微分を使った制御　　　【スピード制御】 　　　　　　　　　　　　　　　　　　　　　PID
ビーオーディー **B O D**	<u>B</u>iochemical <u>O</u>xygen <u>D</u>emand　生物化学的酸素要求量 生物化学的　酸素　　要求量 　　　　　　　　【<u>BOD</u>Yへの欲求は<u>生物的</u>!】 　　　　　　　　　 BOD　　　　　要求量
ピーピーエム **p p m**	<u>p</u>arts <u>p</u>er <u>m</u>illion　　水1L＝1000cm³＝1000gなので、 〜分の1　　　100万　　　1mg/L＝1ppm 　　　　【<u>パ パ 無</u> 理!<u>ミリオネア</u> になるのは】 　　　　　 p　p　m　　　　100万分の1
ユーピーエス **U P S**	<u>U</u>ninterruptible <u>P</u>ower <u>S</u>ystem　無停電電源装置 中断させない　　電源　システム 　　　　　【電気が <u>アッ プ し</u> ないようにする装置】 　　　　　　　　　 U　P　S
シーブイシーエフ **C V C F**	<u>C</u>onstant <u>V</u>oltage <u>C</u>onstant <u>F</u>requency　定電圧定周波装置 一定の　　電圧　一定の　　周波数 　　　　　　【<u>し ぶ し ぶ</u> 電圧を一定に維持する】 　　　　　　　 C V C F
シーディー管 **C D 管**	<u>C</u>ombined <u>D</u>uct　（非耐燃性）合成樹脂可とう管 合成された　導管 　　　　　　　　　　　　　　　【Concrete → <u>C</u>D管】
ピーエフ **P F 管**	<u>P</u>lastic　<u>F</u>lexible conduit　（耐燃性）合成樹脂可とう管 合成樹脂の　柔軟な　導管　　　　　　　　　露出で使える

【 】内スーパー記憶術 暗記する事項　その3

A種接地	高圧または特別高圧用器具 の外箱または鉄台の接地
B種接地	高圧または特別高圧と低圧を 結合する変圧器の中性点の接地 〔 ⇨ B ⇨ B種 〕
C種接地	300Vを超える低圧用器具 の外箱または鉄台の接地
D種接地	300V以下の低圧用器具 の外箱または鉄台の接地 300V ⇦ 三 ⇦ 〔 C 300V超 / D（地面）300V以下 〕
A火災	普通火災
B火災	油火災 B火災＝油火災　　C火災＝電気火災 【油 ベ タベタ】 　　B火災
C火災	電気火災 〔 C ⇨ C ⇨ 電気火災はC火災 〕

13

暗記する事項

351

R335

空調

ダクトの風の**動圧力 P_d** と風速 v の式	$P_d = \square \times v^2$	$P_d = \square \times v^2$ 風量 $Q = \bigcirc \times v$
圧力損失 ΔP_t（摩擦損失、抵抗）と風速 v の式	$\Delta P_t = C \times P_d$ $= \bigcloud \times v^2$ （C：損失係数）	（周囲を）<u>圧する</u> ような 美 人！ 　圧力　 $= \square \times v$ の自乗 　圧力損失 $= \bigcloud \times v$ の自乗

送風機の**回転数 N** と **風量 Q** **全圧 P** **軸動力 W** の関係	比例 $Q \propto N$ $P \propto N^2$ $W \propto N^3$ ($W = \square \times Q \times P$) 【<u>キュー</u> <u>ピッド</u> の <u>Work</u>、<u>イチ、ニ、サン</u>！】 　$\square \times Q \times P\ =\ W$　1乗 2乗 3乗 　　　　　　　　　　　　(Q) (P) (W)

アスペクト比	空気の流れやすさ（同じ断面積） $\dfrac{長辺の長さ}{短辺の長さ}$　 ◯ > □ > ▭ > ▭ 　アスペクト比＝ 1　　2　　　4 ダクトのアスペクト比は4以下が望ましい

エンタルピー enthalpy	$\quad U \qquad\quad P\Delta V$ 熱エネルギー ＋ 膨張・収縮のためのエネルギー で表される物質が含む エネルギー量（含熱量） 【<u>樽</u>の中にエネルギーを入れておく】 　エンタルピー

暗記する事項 その4

エントロピー entropy	乱雑さを表す指標 【<u>トロ</u>いと乱雑になる】(部屋が) エントロピー
冷凍サイクル	**蒸発(気化)→圧縮→凝縮(液化)→膨張** (モリエル線図) p-h線図 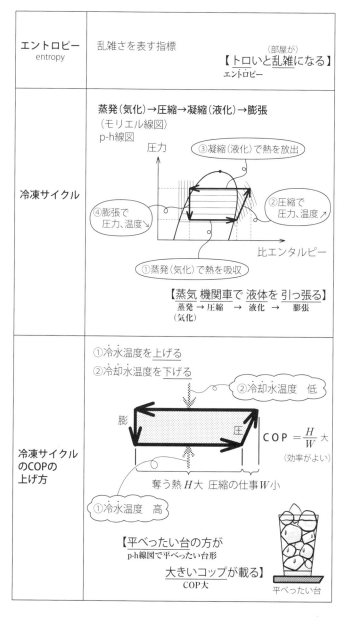 【<u>蒸気</u> <u>機関車</u>で <u>液体</u>を <u>引っ張る</u>】 　蒸発　　圧縮　　　液化　　　膨張 　(気化)
冷凍サイクル のCOPの 上げ方	①冷水温度を<u>上げる</u> ②冷却水温度を<u>下げる</u> $COP = \dfrac{H}{W}$ 大（効率がよい） 奪う熱 H 大　圧縮の仕事 W 小 【<u>平べったい台</u>の方が<u>大きいコップ</u>が載る】 　p-h線図で平べったい台形　　　COP大

★ R336 check ▶□□□

給排水

高さH(m)の水柱の圧力P	$P = \rho g H$ (ρ：密度、g：重力加速度)	【老 人 H！ パス！】 $\underset{\rho}{}$ $\underset{g}{}$ $\underset{H}{}$ $\underset{\text{パスカル}}{}$ Pa
1kPa ≒（ ）m（水柱）	0.1m（水柱）	0.1m 1kPa（1000Pa） 【カッパ の 多い 水中】 $\underset{1kPa}{}$ ≒ $\underset{0.1m}{}$ $\underset{水柱}{}$
シャワー 大便器洗浄弁の水圧	70kPa≒7m（水柱）以上	⇨ 70kPa
キッチン、洗面の水栓の水圧	30kPa≒3m（水柱）以上	⇨ 30kPa
1m³＝（ ）L 1L＝（ ）cm³	1m³＝1000L 1L＝1000cm³ （cc）	(cc) 1000倍 1000倍 1cm³ ⇒ 1L ⇒ 1m³
住宅の1日平均使用水量	200〜400L/day・人	家 ⇨ ⇨ 4/010 ⇨ 400L/day・人

354

| 【 】内スーパー記憶術 | 暗記する事項　その5 |

ホテルの1日平均使用水量	400～500L/day・人 住宅≦ホテル 住宅　　　　　ホテル 400L/day・人 ホテルは種類によっては1000L/day・人もある
事務所の1日平均使用水量	60～100L/day・人 ⇨ 1 ⇨ 100L/day・人
小、中、高校の1日平均使用水量	70～100L/day・人　（プールを使わない場合） 【学校のテストは～100点　　】 　　　　　　　　　　100L/day・人
病院の1日平均使用水量	1500～3500L/day・床 ⇨ 3500L/day・床
トラップの封水の深さ	5～10cm トラップ ⇨ 5 ⇨ 5cm （～2倍の10cm）
洗面器あふれ縁から通気横管までの高さ	15cm以上 通気管 トラップ ⇨ 15 ⇨ 15cm

★ **R337** check ▶ □□□

阻集器	グリース阻集器 （業務用厨房用） オイル阻集器 （ガソリンスタンド用）	グリース阻集器
ガス給湯器の 号数	1Lの水を1分間に25℃ 上昇させる能力が1号	【日光 で 水を温める】 　+25℃　　給湯能力
レジオネラ菌の 繁殖を防ぐ温度	55℃以上	【菌は GO！GO！出て行け！】 　　　　55℃
電流I、抵抗R、 電圧Vの関係	$I = \dfrac{V}{R}$	抵抗
貫流熱量Q 熱貫流抵抗R 温度差Δt 壁面積A の関係	$Q = \dfrac{\Delta t}{R} \times A$	流れる量 $= \dfrac{落差}{抵抗}$
電力P、電圧V、 電流Iの関係	$V \times I = P$ ボルト　アンペア　ワット (V)　　(A)　　(W)	【V｜P】 $V \times I = P$
	$V = \dfrac{v_0}{\sqrt{2}}$　$I = \dfrac{i_0}{\sqrt{2}}$	
交流の 実効値V、Iと 最大値v_0、i_0の 関係	交流の電流 i　実効値 $I = \dfrac{i_0}{\sqrt{2}} \fallingdotseq 0.7i_0$	

356

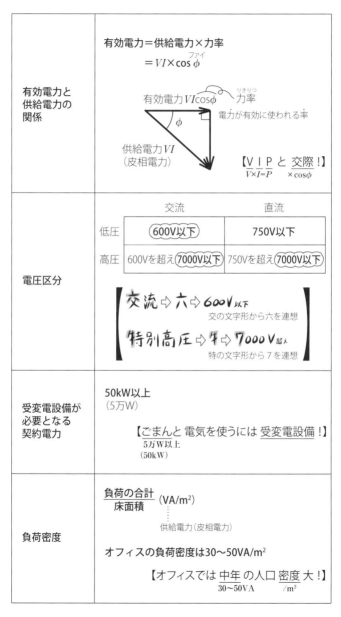

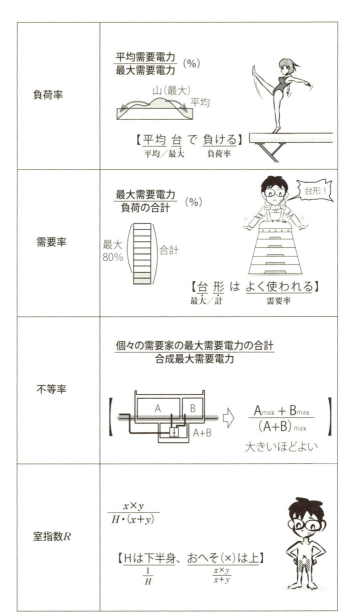

【 】内スーパー記憶術　　　　　　　　　　暗記する事項　その7

▼消防設備（消防法）

光束法による全般照明の照度	ランプを出た所の全光束量　室指数、反射率から求めるランプの光束がどれくらい机に到達するかの率 ランプの球数×ランプの光束×保守率×照明率 ÷ 室面積
消火栓の水平距離	1号消火栓　25m以下 【25m プールで 消火せん とする】 　　　　　　　　　消火栓 2号消火栓　15m以下 補助散水栓（2号消火栓に準じる）15m
屋外消火の水平距離	40m以下
連結送水管の水平距離	3階以上で50m以下　　　【50m プールで リレー】 　　　　　　　　　　　　　　　　　連結
誘導灯の点灯時間	常時点灯＋停電時20分以上　　　　【通 路】 　　　　　　　　　　　　　　　　　20分以上
客席誘導灯の通路床面照度	0.2 lx以上　（常時点灯＋停電時20分以上） 　　　　　　　　【通 路】 　　　　　　　0.2 lx以上、20分以上
非常用照明の床面照度と点灯時間（建築基準法）	1 lx以上（LED：2 lx以上）、30分以上

13

暗記する事項

〈359〉

★ **R339** 【 】内スーパー記憶術　　　　　　　暗記する事項　その8

単位

力の単位	ニュートン　　メーター毎秒毎秒　　　　キログラムエフ（フォース）　　トンエフ（フォース） N（＝$kg \cdot m/s^2$）　　　　　kgf　　　　　tf 　　　　　　　　　　　　　　　　（≒9.8N）　（≒9.8kN） 力＝質量×加速度
仕事の単位 （エネルギー 　電力量　）	ジュール J（＝$N \cdot m$）　　　　　　　　　カロリー　cal（≒4.2J） 仕事＝力×距離
仕事率の単位 （エネルギー効率 　電力　）	ワット W（＝J/s） 仕事率＝仕事／時間　　ワットアワー（Wh（＝3600J）は仕事の単位）
有効電力の単位 W **皮相電力の単位** （供給電力）	有効電力(W) W 　　　　　　　　　　　ϕ　　　無効電力 ボルトアンペア　　皮相電力　　　　（Var） VA　　　　　（VA） 　　　　　　　　　　　　　　（力率＝$\cos \phi$） 【悲愴 な 発電所 の 爆発！】 　皮相　　　供給電力　　VA
圧力の単位	パスカル Pa（＝N/m^2） 圧力＝力／面積
10^3倍　　10^{-3}倍 10^6倍　　10^{-6}倍 10^9倍　　10^{-9}倍 10^{12}倍　　10^{-12}倍	k（キロ）　　m（ミリ） M（メガ）　　μ（マイクロ） G（ギガ）　　n（ナノ）　【1<u>キ</u>ロ <u>目</u>が <u>銀河</u> <u>寺</u>】 　　　　　　　　　　　　　　　　k　　M　　G　　T T（テラ）　　p（ピコ）　【<u>見</u> <u>舞</u> <u>なの</u> <u>ピー子</u>】 　　　　　　　　　　　　　　ミリ　マイクロ ナノ　　ピコ

360

索引

欧文

A火災…305
A種接地工事…277
APF…86
B火災…305
B種接地工事…275
BEE…340
BEI…344
BELS…345
BOD…241
C火災…305
C種接地工事…274
CASBEE…339
CD管…292
CO_2排出量…337
COP…84,97,103
EPS…280
ERR…341
LCA…338
LCC…335
$LCCO_2$…336
P型受信機…318
PAL…69
PF管…292
PID制御…51
P-Q曲線…122
PS…214
R型受信機…318
ZEB…343

あ

アース…273
アスペクト比…123
圧縮機…87
圧力水槽方式…141,143
圧力損失…124,149
泡消火設備…311

アンダーカーペット配線方式…290
アンペアブレーカー…282
井水…180
位相…252
1号消火栓…307
1日平均使用水量…172
インテリアゾーン…67
インバーター…50,155
インバートます…206
飲料水…169,180
ウォーターハンマー…116,140,183
雨水再利用水…189
雨水排水管…200,208
雨水排水立て管…224
雨水用トラップます…208
エアバリア方式…77
エアハンドリングユニット…13
エアロック…218
エレベーター…332
円形ダクト…125
遠心送風機…120
遠心冷凍機…102
エンタルピー…93
オーバーフロー管…177
屋内消火栓設備…306
汚水排水管…200

か

外気…10
開放回路…199
開放回路型…58
開放式受変電設備…260
開放式水逃し装置…117
開放式冷却塔…92
各階ユニット方式…29
ガスエンジンヒートポンプ…87
ガス給湯器…191
ガスタービン…267
合併処理浄化槽…203
換気量…73
管径…213

乾式…309
間接排水…219
気化熱…78
喫煙室…74
キッチンの必要水圧…165
客席誘導灯…329
キャビテーション…162
吸収冷凍機…107
給水引込み管…137
給湯循環ポンプ…194
給湯用ボイラー…199
キュービクル…260
凝縮…79
凝縮熱…79
空気線図…14
空気だまり…218
空気熱源パッケージユニット…46
空気熱源ヒートポンプ方式…81,82
クーリングタワー…88
躯体蓄熱式…61
グリース阻集器…237
クリーンルーム…75
クロスコネクション…181
群集歩行速度…334
ケーブルラック…287
煙感知器…319,321
顕熱…19
高圧…257
公共下水道…200,204
光束法…298
高置水槽方式…138,140,143
高等学校…170
勾配…212
交流…250,257
合流式…200
コージェネレーションシステム…268
氷蓄熱式空調システム…60,112
コールドドラフト…36,72
混合空気の状態点…17
コンセント…250
コンデンサ…253

コンプレッサー…87
コンベクター…37,114

さ
再熱…20
再熱コイル…20
サイホン式雨水排水システム…232
先分岐方式…184
雑排水…189
雑用水…169
差動式熱感知器…320
さや管ヘッダ方式…186
3管方式…38
3相交流…271
3方弁…65
3方弁制御…66
残留塩素…174
直だき式吸収冷凍機…111
自家発電設備…265
敷地内浸透式…202
軸流送風機…120
仕事率…157
自然冷媒…106
自然冷媒ヒートポンプ給湯機…193
湿球温度…90
実効値…248
湿式…309
自動火災報知設備…317
死水…178
事務所ビル…168
遮断器…284
シャワーの必要水圧…163
臭化リチウム水溶液…108
集合住宅…173
住宅用火災警報器…325
受水槽…137,138,142,173
受水槽の材質…175
受水槽の点検スペース…176
受変電設備…259
需要率…296
小学校…170

363

消火用水槽…179
蒸気暖房…114
照度計算…298,301
除湿剤…21
シロッコファン…120
進相用コンデンサ…256
伸頂通気管…225,230
水柱…146
水道直結増圧方式…134,143
水道直結直圧方式…134,143
スクリュー冷凍機…102
スクロール冷凍機…102
スチームハンマー…116
スプリンクラー設備…308
スポットネットワーク受電方式…263
図面記号…322,330
スラブ上配管…187
静圧−風量特性曲線…122
生物化学的酸素要求量…241
節水コマ…190
接地…273
接地端子付コンセント…276
セルラダクト…289
全圧…118
全空気方式…31
全水方式…40
潜熱…19,89
全熱交換機…12
洗面の必要水圧…165
全揚程曲線…153
相対湿度…15
送風機の回転数…131
送風機の効率…132
送風機の特性曲線…130

た
ターボファン…120
第一種（機械）換気…70
第三種（機械）換気…70
代替フロン…105
対地電圧…279

第二種（機械）換気…70
大便器の洗浄方式…239
大便器の必要水圧…164
太陽光発電システム…269
ダイレクトリターン方式…39
ダクト…126
タケノコ配管…210
タスクアンビエント照明…303
ダブルスキン…77
単相交流…271
単相2線式…271
蓄熱式空調システム…57
蓄熱槽…57
中央熱源方式…44
中学校…170
直流…257
直列運転…161
通気管…222
通路誘導灯…329
低圧…257
定温式熱感知器…320
抵抗…243
抵抗曲線…153
ディスプレイスメント・ベンチレーション
　…76
定風量単一ダクト方式…8,42
定流量制御…63
デシカント空調…21
デシカントロータ…21
デュアルフューエルシステム…266
電圧…243
電流…243
電力…244
電力損失…246
電力量…245
動圧…118
特性曲線…153
特別高圧…257,258
都市ガス…192
吐水口空間…218
トラップます…207

ドラフトチャンバー…72
ドレイン…115
ドレンチャー設備…326

な

ナイトパージ…76
逃し弁…198
2管方式…38
2号消火栓…307
二重ダクト方式…27
2方弁…64
2方弁制御…66

は

排水管の掃除口…215
排水再利用水…189
排水槽…216
排水立て管…223
排水ポンプ…216
排水ます…200,205
排水横枝管…211
ハイタンク式…240
配電盤…280
配電方式…247
バキュームブレーカー…182
バスダクト配線方式…288
パッケージユニット…45
パッケージユニット方式…29
破封…235
盤の記号…285
ヒートポンプチリングユニット…113
比エンタルピー…18,93
光の反射率…299
比重…145
非常警報設備…323
非常電源…264
非常用エレベーター…331
必要有効換気量…74
避難口誘導灯…329
病院…171
避雷針の保護角…278

避雷設備…278
ファンコイルユニット方式…32,41,42
封水…233
風力発電…270
不活性ガス消火設備…312
負荷密度…294
負荷率…295
不等率…297
フラッシュオーバー…333
フラッシュバルブ式…240
フリーアクセスフロア…290
フロアダクト…289
プロペラファン…120
分散熱源方式…53
粉末消火設備…313
分流式…201
平均使用水量…166
閉鎖回路…199
閉鎖型スプリンクラー設備…309
閉鎖式受変電設備…260
並列運転…160
ヘッダ方式…185
ペリメーターゾーン…67
変圧器…261
変風量単一ダクト方式…22
変流量制御…62
ボイラー室…71
防火ダンパー…327
放射空調方式…54
膨張管…196
膨張水槽…117
膨張タンク…117
保温材…188
保守率…300
ポンプ直送方式…142,143
ポンプの回転数…158
ポンプの効率…156
ポンプの特性曲線…152

ま

マンホール…217

365

水抜き管…177
水噴霧消火設備…310
密度…145
密閉回路型…58
密閉式膨張タンク…198
密閉式冷却塔…92
モリエル線図…93

や
誘導灯…329
床暖房…56
床吹出し空調方式…55
揚水ポンプ…134
揚程…144
予作動式…309
予熱…11
予備電源…328
4管方式…38

ら
力率…255
リバースリターン方式…39
リミッター…282
流量線図…151
ループ受電方式…263
ループ通気方式…231
ルームエアコン…49,81,82
冷却塔…88
冷却塔の設計出口温度…104
冷却塔フリークーリング…91
冷凍機…101
冷凍サイクル…93,101
冷媒…46,82,105
冷媒方式…52
レジオネラ菌…195
レシプロ冷凍機…102
連結散水設備…315
連結送水管…314
漏電ブレーカー…282
ロータンク式…240
露点…16

わ
ワット（W）…245
わんトラップ…236

原口秀昭（はらぐち　ひであき）

1959年東京都生まれ。1982年東京大学建築学科卒業、86年修士課程修了。89年同大学院博士課程単位取得満期退学。大学院では鈴木博之研究室にてラッチェンス、ミース、カーンらの研究を行う。現在、東京家政学院大学生活デザイン学科教授。

著書に『20世紀の住宅－空間構成の比較分析』（鹿島出版会）、『ルイス・カーンの空間構成　アクソメで読む20世紀の建築家たち』『1級建築士受験スーパー記憶術』『2級建築士受験スーパー記憶術』『構造力学スーパー解法術』『建築士受験　建築法規スーパー解読術』『マンガでわかる構造力学』『マンガでわかる環境工学』『ゼロからはじめる建築の［数学・物理］教室』『ゼロからはじめる［RC造建築］入門』『ゼロからはじめる［木造建築］入門』『ゼロからはじめる［S造建築］入門』『ゼロからはじめる建築の［法規］入門』『ゼロからはじめる建築の［インテリア］入門』『ゼロからはじめる建築の［施工］入門』『ゼロからはじめる建築の［構造］入門』『ゼロからはじめる［構造力学］演習』『ゼロからはじめる［RC＋S構造］演習』『ゼロからはじめる［環境工学］入門』『ゼロからはじめる［建築計画］入門』『ゼロからはじめる建築の［設備］教室』『ゼロからはじめる［RC造施工］入門』『ゼロからはじめる建築の［歴史］入門』『ゼロからはじめる［近代建築］入門』（以上、彰国社）など多数。

ゼロからはじめる 建築の[設備]演習 第2版
2016年11月10日 第1版 発行
2025年 1月10日 第2版 発行

著 者	原 口 秀 昭
発行者	下 出 雅 徳
発行所	株式会社 彰 国 社
	162-0067 東京都新宿区富久町8-21
	電 話 03-3359-3231(大代表)
	振替口座 00160-2-173401

著作権者との協定により検印省略

Printed in Japan
© 原口秀昭 2025年
印刷:三美印刷 製本:中尾製本
ISBN 978-4-395-32213-8　C3052　https://www.shokokusha.co.jp

本書の内容の一部あるいは全部を、無断で複写(コピー)、複製、およびデジタル媒体等への入力を禁止します。許諾については小社あてにご照会ください。